ドレスを1枚ぶら下げて

国際マナー研究家
エコールドプロトコール モナコ代表
畑中由利江

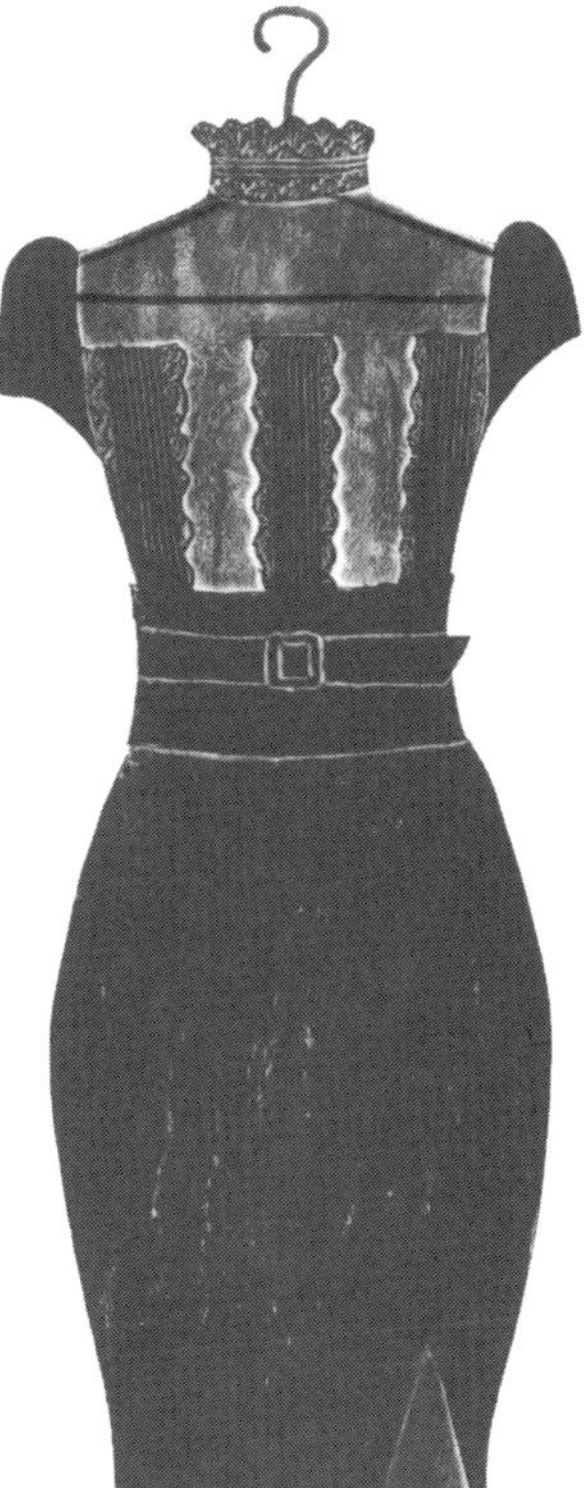

フランスマダムのクローゼットの教え

幻冬舎

ドレスを1枚ぶら下げて

フランスマダムの
クローゼットの教え

はじめに

クローゼットは人生そのもの

服は人となりを表すといわれます。その服が集まったクローゼットには、間違いなく、持ち主の人生が反映されます。クローゼットに並ぶ色、柄、デザイン、ブランド……すべてに、持ち主の価値観が見え隠れするのです。何をどのようにマイ・クローゼットに迎え入れ、逆に何を入れないか――。それは、自分がどう生きるかの証《あかし》であると同時に、これからどう生きたいか、何をやりたいか、夢や目標の表明でもあるのです。

いま、あなたのクローゼットにはどんな服が並んでいますか？

最新の流行を取り入れた服がアップトゥーデートされているクローゼット。

流行より、10年、20年と長く着られるスタンダードが中心のクローゼット。

飽きたら気軽に買い換えられるファストファッション多めのクローゼット。
セールだからと衝動買いであふれた、個性が見えにくいクローゼット。
サイズが合わなくなってほとんど着ていない昔のお気に入りが占めるクローゼット。

さまざまなクローゼットがあるでしょう。

いまでこそモナコ公国と東京とを行き来しながら、ヨーロッパと日本の文化交流を深めていくことや、日本の女性たちが世界で輝ける存在になってほしいとの願いから、世界標準のマナーであるプロトコールを日本で広めるスクールを主宰するなど、さまざまな活動をしている私ですが、20代半ば頃までは自分がなりたい女性像も、やりたいこともまったく見えていませんでした。おしゃれになりたいとは思うものの、いったい何を着ればいいのか、どんな服が似合うのかわからず、とにかく無難第一の格好ばかりをしていました。クローゼットももちろん、何の主義主張もスタイルも感じられない、平凡で、無味乾燥なものでした。

あるとき、それまで無縁だったドレスを1枚クローゼットに加えたことによって、人生が大きく動き出します。やりたいこと、なりたい自分が、ドレスに導かれるかのように姿を現しはじめました。

私の人生は、クローゼットによって切り拓《ひら》かれてきたといっても過言ではありません。

ファッションのプロではない私が、この本を通じておしゃれになるための服選びやコーディネート術といったノウハウをアドバイスできるわけではありません。

お伝えできることがあるとしたら、それは、どんな服がクローゼットにあるとどんなふうに人生が変わるか、私自身のこれまでの経験、そして見聞きしてきた周りのフランスマダムたち――自分のスタイルをしっかり確立して人生を謳歌《おうか》する、尊敬してやまない、カッコいい女性たち――のクローゼットの話です。

なりたい自分、こんなふうに生きたいという希望をかなえるために、クローゼットを見直してみませんか？

みなさまがおしゃれと人生を楽しむための道しるべになれることを願って。

I

1枚のドレスに導かれて

II　クローゼット・ルール

III クローゼットの基礎づくり

IV

マダムのたしなみ

V 旅先に新しい扉が待っている

I

1枚のドレスに導かれて

パリで「赤」に目覚めて

黒、紺、グレー。

20代はじめの頃までの私のクローゼットは、この3色ばかり。それも、印象に残らない無難なデザインがほとんど。プリントものはもちろんのこと、ストライプや小粒の水玉でさえ、ワードローブには皆無でした。

いまから思えば、なんて地味で、つまらないクローゼットだったかと思います。

モノトーンが好きで、おしゃれとしてモードな雰囲気を追求しているのであればいいのです。でも、幼い頃からからだがひときわ大きく、瓶底のように分厚いメガネをかけていたことから「メガネブタ」と呼ばれていた私は、ただただ目立つことが怖かっただけでした。まわりの女の子たちがカラフルなワンピースやスカートを身につけ、おしゃれを楽しんでいるとき、ひたすらひと目につかないようにと、全身地味な格好ばかりしていました。

地味な格好をしなさいというのは、母の教えでもありました。

「ユリエ、洋服を選ぶときは色ものと柄のものは絶対避けなさい」

母は私にそう言い続けました。

娘が傷つかないためには、目立たないのがいちばん。それは親心からだったといまでも思っています。

当時の私にとって服を着て人前に出ることは苦痛そのものでした。いかにひとの印象に残らないか、いかにひとから「見られない」ようにするかということが洋服選びにおいて優先されました。個性もない、存在感もない。自分に自信が持てない、コンプレックスの塊。それがその頃の私でした。


それから何年もの時が過ぎ、現在。

赤、イエロー、ブルー、グリーン、パープル、白……。

49歳の私のクローゼットには、ビビッドな色の洋服がずらっと並んでいます。フラワープリントやレオパードなどインパクトの強いテキスタイルものもあれば、バイクに乗るための革のジャンプスーツのようにハードコアなファッションも加わりました。晩餐会《ばんさんかい》用のフォーマルドレスもあれば、ちょっとしたパーティーに着て行くためのカジュアルドレスまで、さまざまにあります。

あの頃の自分には想像もつかない変化です。

意識が大きく変わったのは大学3年生のとき、冬休みを利用してヨーロッパを旅したときに目にした光景がきっかけとなりました。

ロンドンからパリに移ると、真冬のパリは一日中曇天に覆われ、真っ暗。太陽はまったく顔を見せません。街中がモノクロームに包まれるなか、ひときわ目を引いたのが、パリジェンヌたちが装いに取り入れていた「赤」でした。

黒いコートに赤いマフラー。ローズカラーの口紅。真紅のマニキュア。ワインレッドのハイヒール……。洋服はダークカラーが多いのですが、小物やメイクのワンポイントで「赤」を効かせているのです。

さらに大きなカルチャーショックを受けたのが、パリジェンヌたちもさることながら、成熟したマダムたちまでもが積極的に「赤」を取り入れていたことでした。

差し色としての赤はパリジェンヌたちに華やぎを与えています。一方でマダムたちが身につける「赤」からは上品で洗練された大人のエレガンスがあふれていて、私はその魅力にすっかり取り憑《つ》かれてしまいました。

どんよりとした薄暗いパリの街だからこそ、魅せる小道具として「赤」は大きな効力を発揮していたのでしょう。「赤」が知性や成熟と相性のいい色であるということ、そして色が、見るひとにもプラスの影響を与えてくれるということにも、そのとき気づかされました。

それまで、目立ちたくないという思いしか持っていなかった私が、色の魅力に目覚めた――「見られる」ことを意識したファッションの魅力に目覚めた――瞬間でした。

はじめてのドレス

パリで受けた衝撃からまもなくして、転機は25歳のときに訪れます。

私は大学卒業後、世界標準といわれるプロトコール・マナーを習得するため、スイスのフィニッシングスクールに留学したのち、フランス料理の勉強でパリの「ル・コルドン・ブルー」に通っていました。

バカンスで訪れたモナコでいまの主人であるジョンと出会い、結婚。彼の父親は骨董《こっとう》商を営み、70年代にはフランスに一大東洋ブームを巻き起こしたような人物でした。店には当時のレーニエ大公やグレース・ケリー公妃がいらっしゃった写真も残っているほどです。そんなファミリーの一員になることによって、一年を通じてさまざまなパーティーをホストしたり、ご招待いただくような人生に変わりました。

人見知りで、人前に出ることが苦手だった私が、生まれてはじめて着たドレスは、モナコで開かれるサマーパーティーに出席するためのものでした。ヨーロッパでは、パーティーや食事会の席は、カップルで出席するのが基本です。当時まだ結婚前で、お付き合いをしていたジョンから「ユリエ、一緒に行こう。ロングドレスを準備しておくように」と言われていました。

ロングドレス!?

それまでの人生で一度も触れたことのない世界にとまどいながら、選んだのは、黒のストレートタイプ。いちばん無難に見えるものでした。ただでさえ地味なのに、メイクやヘアスタイルもふだんどおり。ファンデーションを塗って眉を整える程度でパーティー会場に向かったのです。私の姿を見たジョンのがっかりした様子は、いまでも忘れられません。

このときの苦い経験から、ドレスアップの基本を学びました。

「ドレスをアップしたら、メイクもアップする」ということです。ドレスを身につけても、メイクやヘアがふだんと変わらなければ、ドレスアップしたようにはとうてい見えないのです。

装いの基本はバランス。ドレスを身につけるときは、頭の先から足元までトータルでドレスアップする必要があります。ふだんはベージュの口紅やグロスしか塗らないという方でも、ドレスに映える、いつもより一段明るい色を口元に選ぶなど、ドレスアップのメイクをみなさまにおすすめしています。

ドレスと出会うことによって、こうした装いにおけるルールを、私自身ひとつひとつ習得してきました。

ドレスが私の人生を導いてくれた。

大げさに聞こえるかもしれませんが、そう感じています。

背中の魅力に開眼

ドレスとの出会いによって、もうひとつ大きな変化がありました。それは〝魅せる背中〟に開眼したことです。

日本人の服装感覚からすると、「背中は隠すもの」というのが一般的。私も過去に背中をあらわにするような服は着たことがありませんでした。それが、ヨーロッパの社交文化に触れ、ドレスを身につける機会が多くなると、ブティックで手にする服が変わってきたのです。「デザインが素敵」と、新たにクローゼットの仲間入りさせた一着が、気づけば背中があいているタイプのものであることが増えてきました。背中を出したいと思って選んだつもりはないのですが、からだを美しく引き立ててくれるドレスを選ぶと、自然と、胸元や背中を見せるデザインのものであることに気づきました。

ココ・シャネルも「身体の関節のかなめはすべて背中にある。そう《すべての動作は背中に始まる》」（『シャネル　人生を語る』ポール・モラン著　山田登世子訳　中公文庫）と語っているように、たしかに映し鏡で観察してみれば、背中は動きによって、何ともいえないなめらかな、女性らしい表情を見せています。背中は「見せる」「魅せる」ための重要なパーツであることに開眼しました。

かつての私のように、「背中なんか気にしたことがなかった」という方は少なくないようです。

でも、ドレスを着なくても、お顔や髪のケアをするように、背中もキレイにしておくことは女性として大切な身だしなみのひとつ。背中を意識するようになり、いまではそう思っています。

保湿クリームはお顔や手元だけという方も多いようですが、乾燥しやすい部位はそれだけではありません。ふだんから入浴後、体温が上がっている状態のときに、全身まんべんなく与えるようにしましょう。特に乾燥する部分は念入りに。背中とデコルテも同様にしっとり潤うまで丁寧に保湿してください。手の届かない部分は、便利な保湿スプレーを利用するのも手です。

背中のケアで特に気をつけたいのは、産毛と吹き出もの。襟ぐりの大きくあいたトップスを着たときなど、ふだん隠れている部分は余計に目立つものです。

ひとが目にするのは、正面ばかりではありません。サイドも、後ろ姿も目に入ります。360度、あらゆる角度から私たちは見られています。

「あのひと、ブラの脇からお肉がはみ出ているわ」

「ずいぶんとシワくちゃのブラウス」

「パンツにショーツのラインが浮き出ている」

「わぁ、カサカサの肘《ひじ》!」

こうした声は他人事《ひとごと》ではありません。私たちも誰かにそう思われているかもしれないのです。

私はドレスを着るようになって、背中のケアはもちろん、後ろ姿にも気を配るようになりました。お肌のケアだけではなく、背筋を伸ばして歩くことや、立ち姿の美しさをイメージして緊張感を忘れないことなど、つねに「見られている」という意識で、自分では見えない背面に〝心の眼〟をもつように心がけています。

自分が注意していると、ひとの後ろ姿が気になるもの。姿勢がよくて凜《りん》としている、首からのラインがきれい、長い髪を横に流してちらっと見える背中がセクシー……。

人生にドレスがなかったら、背中を意識することなどなかったでしょう。

背中で魅せることの奥深さを知った私は、いまではふだんでも背中が少し見えるような服を好んで着るようになりました。

ドレスと出会うことによって、たくさんのことを学んでいます。

姿勢は、生きざま

後ろ姿美人で思い出す友人がいます。

フランス人のアーレットは70代でピンヒールを履きこなす素敵なマダム。あるパーティーに、彼女は深紫色のシンプルなデザインのドレスで現れました。「今日は珍しくオーソドックスな装いなのね」と思って見ていたところ、彼女が後ろを向いたときに目を見張りました。お尻の割れ目が見えそうなくらい、背中が大胆にあいていたのです。

衝撃的でした。年齢なりのシワやたるみはあるのですが、背筋がピンと伸びていて、とにかく美しい。堂々としたその後ろ姿には、年齢を超越した大人の女性の自信が漂っていました。

ドレス自体は、デコラティブでも華美でもありません。髪型もくしゅっとしたシニョンスタイルで派手さはありません。それでも彼女には圧倒的な存在感がありました。

20代や30代では決してできない着こなしです。成熟した大人にしか出せないオーラを感じました。シワやたるみでさえファッションの一部だと思わせる威厳がありました。彼女は普段着のときにも、彼女にしか醸し出せない雰囲気をまとっています。

ひと言で言うと、それは彼女のスタイルです。

そして、スタイルとは何かというと、生きざまです。

アーレットは、アルコールはシャンパンのロゼしか飲まないのですが、あるとき私がロゼシャンパンをすすめると、「今日はお酒は飲まないの。お水をちょうだい」と言いました。シャンパン好きの彼女が珍しいと思い尋ねると、「今週はからだの調整にあてているから」とのこと。また別の日は、夜のパーティーに備えて、「午前中にプールで泳いできたのよ」と言います。

「こうありたい」というスタイルが確立しているひとは、その望みをかなえるための生き方をします。70代で背中が大胆にあいたドレスを着こなし、一瞬でひとを魅了してしまうアーレット。彼女から私は、「生きざまは姿勢に表れる」ということを教わりました。

II

クローゼット・ルール

一目惚れアイテムが人生の幅を広げる

服を購入するとき、どんな動機や理由で選んでいるでしょうか。

「手持ちの服と合わせやすそうだから」

「長く着られそうだから」

「今度の会にふさわしい服が必要だから」

「流行《はや》りのデザインだから」

「何となくいいなと思って……」

ひとそれぞれ、いろいろな選び方があってよいのですが、私は〝一目惚《ぼ》れ〟を大事にしています。恋と同じように洋服に一目惚れする瞬間は、突然やってきます。

最近では日本とヨーロッパ、アメリカ、アジアを頻繁に移動するような生活を送っていますが、日本にいるときは青山界隈《かいわい》で、ヨーロッパではパリやモナコ、ミラノなどでショッピングをすることが多いです。

「一目惚れ＝衝動買い＝失敗」ではありません。一目見た瞬間に強く惹《ひ》かれるほどの衣服は、日々の生活を、また人生を華やかに彩ってくれる愛着のあるアイテムとして、出番の多い一着になっています。

異性に一目惚れすることなどめったにないように、目にした瞬間に恋に落ちる買い物は運命といえます。ビビッときたものがあれば、100％クローゼットに加えます。ワードローブを思い返してどれとどう組み合わせようかとか、すぐに着られなくなるかも……といったことは一瞬たりとも頭をよぎりません。

もちろん、お値段との兼ね合いもあるのですが、チャンスを逃したくないという気持ちのほうが強いのです。

以前は違いました。目的買いというのでしょうか。「今度、〇〇があるからそのための服が必要」とか「今期のトレンドは〇〇だから私も1枚持っておこう」などという動機で服を買っていました。

一見計画的で合理的ですが、その繰り返しでは、予定調和の人生におさまってしまうようです。

ショップでもショーウィンドウでも、見た瞬間に「素敵！」と思った気持ちを優先するようになって、私のクローゼットは豊かに、そして人生の幅が広がりました。

一目惚れしたあとの服はどうなるでしょう。結果タンスの肥やしになってしまったなどという失敗談もなくはないのですが、それでもいつも心がけているのは、せっかくの一目惚れ、みなさまに披露する機会を自分でつくってしまおうということです。「これを着るような場所、どこにしようかな」と、服中心の発想で場所やシチュエーションを想像します。たとえそれが未体験の場や会や相手であっても、この服にふさわしいと思ったら、迷わずに出かけていきます。

たとえば、先日購入したノースリーブの濃いパープルのワンピースは、上部がいくつもの大きな花のモチーフから成るデザイン。さてどこに着ていこうかしらと思っていたところ、少し経ってからあるお茶会にご招待いただきます。ホストのイタリア人マダムは大のお花好きで、そのフラワードレスをとても気に入ってくださいました。日本の桜や菊など、お花の話から文化の違いにまで会話がおおいに盛り上がり、人間関係がぐんと深まりました。

インスピレーションに導かれる〝一目惚れ買い〟は出会いを呼び寄せ、関係を深め、その積み重ねが人生になってゆくのです。

あのとき、あれを手にしなければ、いまがない。一瞬の判断、一瞬の思い切り、それがその後の人生を変えています。

一瞬の出会いをつかむ。

買い物こそ、人生を動かす絶好のチャンスなのです。

「いつかのために」──幸運を呼ぶラッキーアイテム

一目惚れ買いしたあと、なかなかお披露目の機会が訪れない服もあります。それでも慌てる必要はありません。それもまたよし。なぜなら、クローゼットに入れておくだけで、運は呼び寄せられるものだからです。

私の経験をお話しします。以前、イタリアのドレスデザイナーの友人から「これ、ユリエに絶対似合うわよ」と見せていただいた一点は、白と黒を基調としたスウィートかつプリティなドレスで、自分のワードローブにはないタイプ。私のセルフイメージとは少し違うように思いましたが、プロのデザイナーのすすめでもあるし、何より、自分からは手にしないアイテムだからこそ予感めいたものを感じ、ワードローブに加えることにしました。いつ、どこで、着用できるかは、そのときはまったくイメージできませんでしたが、

「いつかのために」とクローゼットに入れておくことにしたのです。

すると……。1年も経たずしてそのドレスを着用するのにふさわしい機会がやってきました。

オペラ歌手の友人、デリアから、彼女が主催する舞踏会がヴェニスであるからと招待を受けました。その会のテーマが「プリンス・プリンセスの舞踏会」。ドレスコードは、女性はティアラで、男性はサッシュ（皇族や貴族が肩からたすき掛けにして掛ける憲章のついたリボン）です。

人生でティアラをつけたことなど一度もありませんでしたが、キラキラした王冠に似合うドレスは……、そうだ、あのプリティ・ドレス！

こんなに早くチャンスが巡ってくるなんてと、本当に驚きました。思い切ってクローゼットの扉を開けたことによって、次の扉が用意されたわけです。もうひとつ嬉しかったことは、デリアが私の装いをとても喜んでくれたこと。舞踏会後に、多数の雑誌や動画で紹介してくださっていました。

いまの自分にしっくりくる服。

いまの自分には少し手が届かない服。

自分と服との間にはさまざまな関係性がありますが、クローゼットを〝いまの自分にしっくりくる服〟だけで埋めていては、その先の扉は開かれません。「少し手が届かない服」「いつかのための」アイテムを入れておくと、それがのちのち幸運を運んでくれる。服のなかにはそうしたラッキーアイテムがある。クローゼットが教えてくれた人生を変える方法です。

背伸びアイテム――シャネルのハイジュエリーが教えてくれること

自分のステージを高めてくれるファッション。それを私はクローゼットの〝背伸びアイテム〟と呼んでいます。デイリーに使えるというよりも、いまの自分には手が届かないけれど、いつかチャンスが巡ってくる可能性を信じたい――。そんな希望のアイテムをいいます。

ふだんの生活では、そうそう出番はないかもしれません。高価なものであったり、希少価値の高いものであったり……、自分とは縁遠いものと思ってしまいがちな世界かもしれません。

それでも、私はみなさまに背伸びして、触れてほしいと思っています。ショーウィンドウの向こうに飾られているものを、「素敵だなあ」と眺めているだけではなく、自分の手にとって、袖を通してみてほしいと思うのです。

そうすることによって、自分とは関係ないと思っていた世界との接点が、ささやかながらもできます。接点があるのと、ないのとではその先の人生は違ってきます。接点さえつくっておけば、やがていつの日にか、自分の人生の一部になるかもしれないのです。

フランスが誇る世界的なブランド、シャネルで考えてみましょう。

階級がはっきりしている本国では、ごく一握りの富裕層しか手にできないブランドとして、誰もが憧れる存在です。創設者のココ・シャネルが築き上げた歴史と伝統を重んじつつも、カール・ラガーフェルドをデザイナーに迎え、つねに進化し続けるメゾンとして絶大なるリスペクトを受けています。とくにココ・シャネルが100年前にデザインした服やジュエリーはいまでも最先端に感じられます。当時彼女がどれだけ先を行っていたか、想像もつきません。彼女の生き方が感じとれます。

残念なのは、日本でのイメージが少し異なることです。大衆的な量販店でも販売され、全身をシャネルで固めた若い女性を揶揄《やゆ》する表現として「シャネラー」という言葉が生まれるなど、本来のブランド価値が崩れてしまっているようです。チープなイメージになってしまったのはとても残念なことです。

でも、本来は非常に価値の高い歴史と伝統のあるハイブランド。なかでも一点もののオートクチュールやココ・シャネルが生きていたときにデザインしたジュエリーを扱うハイジュエリー専門店はさらにその上の最高級ブランドです。セレブリティが集まるモナコには、シャネルのハイジュエリーだけを扱っている専門店もあります。

重厚な入口にはつねにガードマンがいて、なかに入るときはインターフォンを押して扉を開けてもらいます。誰もが気軽に足を踏み入れられるところではないのです。

そのくらい敷居の高い場所ではあるのですが、勇気を出して背伸びをすることで得られる世界があると信じている私は、親しい友人が働いているというご縁もあって、定期的にこのサロンを訪れることにしています。

伺うと、まずドリンクが出されます。シャンパーニュやワインをいただきながら、友人が説明してくれるシャネルの哲学やブランドの歴史、ハイジュエリーラインのコンセプトなどを聞き、実際にそのジュエリーを身につけさせてもらいます。

ただ眺めているのではなく、肌につけたときの感覚や重み、輝きを五感で楽しみます。

「こんな高価なもの、買えないのだからつけてみても仕方がない」

そう思われるかもしれません。でも、経験しておくこと、自分の感覚で覚えておくことが大事なのです。

「私の人生には関係ない」と諦めてしまうのはあまりにももったいないことです。少しでも身につけてみたい、その世界を体験してみたいという気持ちがあるのでしたら、それを取り入れられるような人生をつくってみませんか？

憧れはひとを成長させます。私もいつかきっと……という気持ちを、いつまでも大切にしたいものです。

いまの自分とはかけ離れた世界であっても、それをどう捉えるかによって、その先の人生は大きく変わっていくもの。シャネルのハイジュエリーはいつも私にそのことを教えてくれています。

「そこにあるだけで」記憶の宝物――チャームアイテムに守られて

タンスの肥やしはつくらない私ですが、一度も着ていない、そしてこれからも、もしかすると着ないかもしれない服が1枚あります。

シャネルのパンタロン。黒のシースルーで全部透け透け。いったいどこでどうやって穿《は》いたらいいの?? という大胆なデザインで、手にしてから15年ぐらい経っていますが、いまだに着用したことがありません。

でも、この一着は私にとって大切な宝物。クローゼットの片隅にシャネルのパンタロンが下がっているのを目にするたびに、旧友と再会したときのような、あたたかな気持ちになると同時に、いつかこのシャネルを着こなせる自分になってみせる、と情熱がわいてきます。懐かしさと未来を同時に感じさせてくれる、とても貴重な一着なのです。

「何年も着ていない服は断捨離すべし」。一般的にはこう考えられています。私もおおむね同感ですが、例外があります。「記憶の宝物は断捨離しなくていい」というマイルールです。

私は25歳から28歳くらいの間、パリに住んでいましたが、シャネルのパンタロンはそのときにできたはじめてのフランス人の友人からいただいたものです。あのときはふたりとも独身でしたが、その後お互いに結婚し、家族ぐるみでのおつきあいを続けています。

いまは独立して活躍している彼女ですが、その頃は、パリのカンボン通りにあるシャネル本店に勤めていて、ココ・シャネルの死後、デザイナーに就任したカール・ラガーフェルド直属のチームでデザイナーとして働いていました。

シャネルのなかでも中枢にいた友人でしたが、本人のファッションは華美なところが少しもなくて、いつも素材の良い黒かベージュ姿。クラシックなものを好んで身につけていました。

暮らしぶりもシンプル。本当に気に入ったものを必要なだけ、といった感じで、こだわりのパンにこだわりのコーヒー、それにマリア・カラスのオペラを聴いて過ごすのが日常。私が憧れるパリジェンヌのライフスタイルそのもので、彼女からフランスのことをたくさん教えてもらいました。

「これ、ユリエにプレゼント」

あるとき、そう言って彼女がくれたのが、シャネルのパンタロンでした。試作品のなかの1枚とのことで、「あなたに似合うと思って」と広げたパンツは黒いベルボトムで、オールシースルー。シャネルというと、女性をコルセットから解放した有名な「シャネルスーツ」や、黒いパンツルックなど、淑女のイメージが強かったので、すべてが透けて見えるパンタロンには驚きました。

どんなことでも挑戦してみたい性格の私でも、これは……とたじろいでしまうほど。でも友人は涼しい顔で「似合うわよ」とすすめてきます。彼女いわく、フランス人たちはシースルーをインナーのように着こなすのだそう。たとえば、「腰まで隠れる長めのニットの下にこのパンツを穿いて、そこにヒールを合わせたら最高にカッコいいわよ！」と教えてくれるのですが、私には着こなせる自信がありません。足が透け透けの状態で人前になんて出られない！　と思ってしまうのです。

結局、一度も着ないままクローゼットに眠っているシャネルのパンタロン。私はこれからもずっと持ち続けるでしょう。もしかすると、お披露目する機会があるかもしれませんが、なかったとしてもかまわないと思っています。

なぜなら、このパンツは私にとってかけがえのない「記憶の宝物」だからです。記憶の宝物とは、自分にとって〝なくてはならないもの〟と言い換えることができます。

クローゼットに何を入れて、何を入れないか。それは、自分の人生にこれからも必要か必要ではないかを選択することと同じではないでしょうか。

シャネルのパンタロンは、私にとってこの先も「なくてはならないもの」。私のクローゼットにあるべき大切な一着です。

理想のマイ・クローゼットづくりで大切なのは、持ち物を減らすことではありません。あなたの人生に必要不可欠なものは何かを考え、吟味し、取捨選択することだと思っています。

誰かに「こんな昔のもの、捨てちゃえば？」と言われようが、「着ないんだったら宝の持ち腐れじゃない」と言われようが、自分にとって「なくてはならないもの」であれば、堂々と持ち続ければいい。私はそう考えています。

これはクローゼットのなかだけでなく、すべての所有物についていえるでしょう。

持つべきか、持たざるべきか。「なくてはならないもの」を基準にすると、おのずと答えが見えてくるのではないでしょうか。

自分のテーマカラーを決める

無彩色の目立たないファッションばかりだった私に、色の魅力を教えてくれたのは、パリのマダムたちでした。年齢を重ねた大人の女性がワンポイント身につけている「赤」の何と素敵なことか。

シワやしみを隠さないメイクはごく薄く、そして口元にくっきり引かれた赤のルージュが大人の女性の成熟や洗練を表現しています。ブラックコートの上に無造作に巻かれた真っ赤なマフラー。あるいは赤いグローブ。赤いハイヒール……。色づかいによって、エレガントさやセクシーさも、あるいはコケティッシュさも若々しさも演出できてしまう、それが「色」の力なのだと知ったのです。

それから私は、自分を表現するためのファッションに目覚めていきました。20代半ば、まだ自分がどうなりたいか、どんな人生を歩んでいきたいか、漠然としていて方向性が定まっていなかった頃のことです。それでも、パリのマダムたちが赤を自分のものにしている姿が忘れられず、自分のテーマカラーを決めることでファッションの軸ができるのではないかという気がしていました。

自分らしいのは、何色だろう？

そう考えてみても、それまでモノトーンで通してきた私には何色が似合うのかさっぱりわかりません。手がかりは、やっぱり赤。20代の小娘がマダムたちのようにカッコよく取り入れられるとは到底思えませんでしたが、目標は高く。赤を自分のテーマカラーに決めました。

大々的に、赤を自分の人生に取り入れたのは、29歳で日本人女性にプロトコール・マナーを伝えるスクール「エコール ド プロトコール モナコ」を立ち上げたとき。スクールの特徴や目指す世界観を表現するのにふさわしいイメージカラーとして、「赤」を採用することにしたのです。

モナコの国旗が赤と白であることに加え、日本の国旗も同じく赤と白です。赤は、世界で活躍できる洗練された大人の女性を育てることを目標とするスクールの趣旨にもぴったりの色。そこで、教室の壁やカーペット、カーテンなど、アイキャッチになるものをすべて赤で統一しました。キッチンもトイレも赤、です。

ただ、自分自身のファッションに赤がしっくりくるまでには時間がかかりました。パリのマダムたちはあんなに自然体で素敵に着こなしていたのに、30歳になったばかりの私が身にまとうと、派手な印象がどうしても拭《ぬぐ》えません。赤い口紅にも挑戦してみましたが、口元だけが強調されているように見えて、「似合っている」とは到底思えませんでした（いまの若い子は、あえて強調し、それを武器にしていて潔いですね）。

いまでは、畑中由利江といえば赤、とイメージが定着していますが、ここにたどり着くまでには長い模索の時間がありました。

振り返れば、20代までは自分がどうなりたいかが見えていなかった。だから、自分に何が似合うのか、どうしたら自分らしい装いになるのか、わかりませんでした。

それが、結婚して子どもを持ち、スクールを設立、スタッフも雇用して事業として動かすなかで、自分が何をやりたいか、これからの人生をどう歩んでいきたいかが徐々に見えてくるようになりました。

そして、将来のビジョンが明確になると同時に、テーマカラーとしての「赤」がようやくしっくりくるようになってきたと感じます。いまでは、手にするものが自然と赤ということが増えてきて、まるで自分の一部のように捉えています。

テーマカラーは、自分の好きな色でもいいですし、それとイコールでなくてもいいと思います。

私が、赤を選んだ理由は、パリのマダムたちのように洗練された大人の女性になりたいという憧れからでした。

自分に似合うかどうかわからない、挑戦してみたいけれど、手が届かない——。最初はそんな憧れの色でした。いまの自分にしっくりくる色より、背伸びをしてトライしたい色があれば、それをテーマカラーに決めてもいいでしょう。私が10年以上かけて赤と親友になれたように、自分のものにしたいという気持ちと、その色にふさわしい女性になるための努力を重ねれば、いつかきっと色のほうから手をつないでくれるときがくるはずです。

大人にこそ似合う色、赤

40代になって「赤」がしっくりくるようになったように、「赤」という色は年齢を重ねた女性にこそ似合う色、という気がしています。

加齢によりくすみがちな肌を、赤は華やかに彩ってくれます。熟成した赤ワインが「成熟」や「エレガンス」「知性」を連想させるように、赤は人生経験を積み重ねてきた大人の魅力を引き立ててくれるでしょう。

赤といっても、いろいろなトーンの赤があります。発色のよい鮮やかなレッド、ワインのような深みのある赤、朱色がかった赤、ピンクに近いストロベリーレッド……。私はどのタイプの赤も好きですが、いちばん自分らしいと思うのは、日本の国旗、モナコ公国の国旗に使われているような、ベーシックな赤。いろいろな色が少しずつ混ざった複雑な赤より、〝金赤〟といわれるような原色カラーが、曖昧さが苦手で、クリアな人生を歩んでいきたい私にぴったりなのです。

そう考えてみると、似合う色を探すことは、どんな人生を望むのかを模索することに通じているような気がします。

以前、当校の講師であり、パーソナルカラーリストの嵯峨裕美子さんに、カラー診断をしてもらったことがあります。自分の性格や趣味、ライフスタイルから読み取れる「内面」と、顔立ちや体型などの身体的特徴の「外面」を表す「パーソナルイメージ」に、本人の個性を象徴する色である「パーソナルカラー」を合わせ、どんなスタイリングをすれば、そのひとの魅力を最大限に表現できるのかを探っていく。それがカラー診断です。

やってみてわかったのは、私はスモーキーなグレイッシュ系や、淡いペールトーンなど、いわゆる中間色が似合わないということ。昔、ベージュに憧れ、トレンチコートなど、ベージュを着こなしたいと何度も挑戦したのですが、どうにも似合わなかった理由がわかりました。

私のパーソナルイメージは、華やかでゴージャスなアバンギャルドタイプ。大胆な色づかいや、コントラストの強いカラーコーディネートが向いているとのこと。ショッピングをしていると、赤のほか、ビビッドな原色に手が伸びることが多いのですが、それは無意識のうちに、ハッキリした色が自分に合っていると感じていたからなのかもしれません。

ハッキリした色を選ぶのは、私がそういうふうに生きたいと思っているからでもあります。やわらかい色や、微妙なトーンのように、ホワホワ〜っとのんびりぼんやり漂うように過ごすのは苦手。やる、やらない、行く、行かない、好き、嫌い……と決断は迷いません。曖昧なことは避け、どんなときもハッキリと意思表示をしながら生きるのが理想です。

私がこう考えるようになったのは、まわりのマダムたちの影響もあります。日本では歳をとったら地味にしないといけない、という風潮があるように思えますが、ヨーロッパにはそんな発想はありません。むしろ、歳を重ねるたびにビビッドな色づかいを好み、アクセサリーもボリューミーなものをじゃらじゃらと重ねづけしているマダムたちが素敵です。「私は私」とオリジナルなファッションを楽しんでいる彼女たちを見ていると、人生を謳歌するとはこういうことをいうのだと頼もしくなります。

特に影響を受けたのは、義母ジョゼットです。彼女は私がジョンと結婚したときから、赤がテーマカラーのマダムでした。95歳になったいまも、髪を赤く染め、家にいるときでも真っ赤の口紅をつけています。彼女は日本のうるし塗りのお重箱におしろいや手鏡などを入れ、メイクボックスとして使用しています。ソファに座り、ささっと赤い口紅を引く姿が私はとても好きです。身につけている服も、いつもどこかしらに赤を効かせています。最初はかなりショッキングでした。マクドナルドのドナルドか、お義母《かあ》さんか、というくらい、印象が赤いのですから。でも、彼女はいつも見事に着こなしていました。情熱の赤などの表現があるように、赤はエネルギーの強い色です。自分がそれだけパワフルでなければ、色に負けてしまうと思うのですが、ジョゼットは見事に自分のものにしています。

それは、彼女が赤に象徴されるようなパワーいっぱいの人生を歩んできたからなのだろうと思います。考え方にも行動にも、話し方にもすべてに彼女は情熱をそそいでいます。単なる派手なおばあちゃんに見えるかもしれませんが、彼女の生き方が色や着こなしに表れているのだと思います。赤はジョゼットのためにあるのではないかというくらいとってもよく似合っているのですから。

彼女を見ていると、色選びは人生選びなのだとつくづく感じます。もし、自分が身につけたい色が、どうもしっくりこない、似合っていないと感じたとしても、諦めないで。あなたが選んだ色は、あなたがこれから歩んでいきたい人生像の投影であり、憧れの色なのだと思います。たとえいま似合わなくても、これからそれが似合うような生き方をしていけばいいのです。

挑戦したい色は、コートやワンピースなど、それ1枚で印象を決めてしまうものは難易度が高いので避け、最初はインナーや、バッグ、スカーフ、お財布や手袋、靴などの小物で差し色として取り入れるとよいでしょう。

似合わないと思っていた色に、自分の目が慣れて、自信が持てるようになると、憧れの色が自分のテーマカラーとしてなじんでいくはずです。

あなたが求める人生は、色にたとえるとどんな色でしょう。そういう意識で見てみると、自分に似合う色が見つかるかもしれません。

定番アイテム1──紺ブレさえあれば

誰しも長きにわたって愛用しているものがあると思います。デザインや色、肌ざわりなど、ほかのアイテムには感じられない愛着があって、長く着続けているもの。身につけていると「自分らしい」と思えて安心できるもの。

それを「スタンダード」というのでしょう。

義母ジョゼットがどんなときも赤い口紅をつけていることは、前述したとおりです。パリの古いアパルトマンでひとり暮らしを続ける彼女ですが、自宅でくつろぐときも、赤のルージュは欠かせません。以前はカネボウの「ギンザルージュ」というインポート向けの赤がお気に入りでした。最近では資生堂の赤が彼女のスタンダード。

一世紀近く生きてきたなかで、彼女が確立した女性としての象徴、それが「赤い口紅」だったのです。

私の場合、ジョゼットに比べたら歴史は浅いのですが、学生時代からずっと愛着をもって身につけている定番、スタンダードがあります。それは、紺色のブレザー、いわゆる〝紺ブレ〟です。

私が20代を送った90年代は、みんなが紺ブレに夢中でした。私もそのひとり。金ボタンにダブルブレストのブレザーが大好きで、デニムや白いパンツなどと合わせて、スポーティーにまとめるのが自分らしい着こなしでした。

当時からいまも変わらずにお気に入りのブランドは、ラルフローレン。伝統的なイギリススタイルをベースに、アメリカンカジュアルをミックスしたテイストは、気品とアクティブさの両方を大事にしたい私にぴったり。ラルフのジャケットは、着こなしによってフェミニンにもマスキュリンにも装える自在感と、流行に左右されない普遍性が持ち味。それこそが、私が紺ブレに求める要素です。

紺ブレのよいところは、カジュアルにもフォーマルにもなる万能性。それに加えて、メンズライクに着こなせばジェンダーレスな雰囲気を、フェミニンなアイテムと合わせれば女性らしさを演出できる、と一着でいろいろな面を表現できることです。

「知らないところに行くときは、ドレスダウンするよりドレスアップして行きなさい」というのは夫ジョンの言葉ですが、上質な仕立てのブレザーはここでも大活躍。フォーマルなパーティーではドレスがふさわしいのですが、もう少しデイリーな、たとえば初対面の方とホテルやカフェでお茶をするときなど、紺ブレがあると重宝します。スカートでもパンツでも合わせやすいですし、ブレザーを羽織れば〝きちんと感〟が出せます。

フランスやモナコでは、男性であれば白いシャツやポロシャツの上に紺のブレザーを羽織り、赤や黄色のビビッドなパンツを合わせ、パナマ帽をかぶるというのが定番のスタイル。お歳を召されたムッシュがこうした格好をさらりと着こなすのを見ると、素敵だなあと惚れ惚れします。

パリジェンヌにも紺ブレは人気です。美しい白髪のマダムが白いスリムのパンツに白いシャツを合わせ、その上にダブルの紺ブレを羽織っている姿など、痺《しび》れるほどカッコイイ。小物はモナコの定番、バーキンのバッグにサングラス、エレガントな時計、大ぶりのネックレスなど。大人の女性の余裕が感じられて、思わず目で追ってしまいます。

私自身がファッションで好みなのは、スポーティーエレガンス。活動的なパンツやアウターに上品さや気品の感じられる小物をミックスして、自分の持っているふたつの側面を表現できるとしっくり落ち着きます。

アクティブな動的なイメージと、静的なエレガンス。この両面を表現できるマイスタンダードが紺のブレザーなのです。

あなたにとっての〝紺ブレ〟はなんですか？

これさえあれば自分を表現できるという1枚は、最強の相棒。自分にとってのスタンダードが、そのひとのスタイルをつくるのです。

定番アイテム2――サングラスを使いこなす

モナコはほぼ一年中、日射しがさんさんと降り注いでいる太陽の国。どこにいても、まばゆいばかりの輝きが街中にあふれていて、その明るさが私は大好きです。

ただし、紫外線もたっぷり注いでいるのでサングラスは必須。近所にちょっとした買い物に行くようなときも、必ずサングラスをかけて出かけます。

サングラスはおしゃれアイテムとしても好きな小物のひとつで、洋服の一部のような意識で活用しています。Tシャツにデニムといった、究極のシンプルコーディネートのときでも、個性的なサングラスをひとつかけるだけで、途端におしゃれ度がアップします。

私のお気に入りブランドは、カルティエとシャネル。フレームもレンズもバリエーションが豊富で、ハードすぎないエレガントなデザインが好み。20個以上クローゼットに並べて、そのときの気分や、コーディネートに合わせて選ぶのも楽しみのひとつです。

サングラスのいいところは、紫外線をカットしてしみやそばかすを防いでくれることに加え、メイクをしていないときでも目元の気になるシワやくすみを隠してくれること。サングラスをはずして、つるの部分をシャツにひっかけたり、胸ポケットに入れてチラ見せさせたり、小技を効かせたおしゃれも楽しめます。

クローゼットの常備品が、強い味方になってくれます。

定番アイテム3――大ぶりアクセサリー

ヨーロッパにいてつくづく感心するのは、大人の女性のアクセサリーづかい。素材もデザインも色も、じつにさまざまな個性あふれるジュエリーをみなさん楽しんでいて、見ているだけでも華やかな気持ちになります。

ヨーロッパの女性は、年齢を重ねるごとに、自分の個性をファッションで楽しもうという方が多いように思います。ネックレスを重ねづけしたり、大きな指輪を両手に輝かせたり、若いうちは華美が過ぎていやらしさを感じてしまうようなゴージャスなアクセサリーも、白髪やシワのある肌にしっくりと馴染み、お互いを引き立て合っているように見えます。

ある本で、「日本は絹の文化。ヨーロッパはアクセサリーの文化」と書かれていたのを読んだことがあります。かつて着物が日常着だった日本人は、アクセサリーを身につける習慣がありませんでした。一方のヨーロッパは、13世紀頃から自分を飾るためにアクセサリーを身につけていたと伝えられており、18世紀のルネサンス期に華やかなジュエリー文化が開花しました。当時のものはアンティークジュエリーとしていまでもたくさん残っていて、コレクションしている方も大勢います。

彼らにとってアクセサリーは自分の価値を高めるものであり、飾り立てることで「美」を表現しているのでしょう。

日本は、ヨーロッパに比べてアクセサリー文化が浅いことに加え、奥ゆかしさや控えめであることを美徳とする精神も影響しているのだと思いますが、アクセサリーはボリュームのあるものより、小ぶりのプチジュエリーが好まれる傾向にあります。

シンプルで上質なものを好む日本人の美意識は素敵ですが、アクセサリーに限っては、ボリューム感のあるものもおすすめです。フレンチマダムたちがそうであるように、私たち日本人も、年齢を重ねた大人世代こそ、大ぶりアクセサリーが似合うと思うのです。

たとえばパールのネックレス。明るい輝きが顔まわりを華やかにしてくれます。デコラティブな装飾ものは、若い娘《こ》が身につけると華美に見えますが、大人のデコルテや手首にあると、ゴージャスで優雅な雰囲気をつくれます。

気をつけたいのは、アクセサリーにもルールがあるということ。明るい時間帯は、キラキラ光るアクセサリーはNG。太陽という自然光のもとでは、顔まわりに光るものはふさわしくありません。パールやシルバー、ゴールドがおすすめです。オパール、翡翠《ひすい》のような、光を放たない宝石もよいでしょう。

ラインストーンやラメの入った服装も昼間は映えません。

逆に、夜には照明の下で艶《あで》やかに見えるファッションとアクセサリーが適しています。ダイヤモンドやクリスタル、スワロフスキーなど輝きのある華やかなジュエリーを選ぶといいでしょう。

こうしたルールをわきまえて、その場にふさわしいアクセサリーづかいができる大人の女性でありたいもの。

小さくとも上質な輝きを放つダイヤモンドも、ボリューミーなネックレスも、両方上手に使いこなし、楽しんでいるマダムたちを見ていると、大人としての余裕を感じます。アクセサリーには、人生の幅が表れる。大ぶりも小ぶりも、高級もキッチュも、いろいろ楽しめる彼女たちを見習いたいものです。

定番アイテム4――クラッチバッグで夜を遊ぶ

素材やデザインにバリエーションがあるバッグも、TPOに合わせていろいろなタイプを揃えておくとおしゃれの幅が広がります。特におすすめしたいのは、クラッチバッグ。ひとつでもクローゼットにあると、さまざまな場面で強い味方になってくれます。

食事会や、ちょっとしたパーティー、コンサートや観劇など、ドレスアップの機会に、効力を発揮します。どんなに素敵な装いに着飾っても、手にしているバッグがふだんと変わらなかったり、通勤用のものだったりでは、せっかくのおしゃれが台無し。何度もお伝えしているように、おしゃれはバランスが肝心なのです。

ドレスアップした装いを、さらに華やかに盛り上げてくれるのがクラッチバッグ。

日中は仕事だけど、夜に食事会やパーティーなどの予定が入っている。そんなときは、通勤用のバッグの中に、必要最低限のものが入る小ぶりのクラッチバッグを忍ばせておくとよいでしょう。そして、レストランなど会場に到着したらクロークに通勤用バッグを預け、クラッチバッグだけで夜の時間を過ごすのです。センスのいいクラッチバッグは、それだけでアクセサリーとして際立ちます。

さらにワンランク上を目指したい方は、靴とバッグの色・素材を合わせてみてください。コーディネートに統一感が出て、グッとおしゃれ上級者の雰囲気を漂わせることができます。

非日常を味わえる空間であれば、靴はハイヒールをチョイスしたいところ。仕事先から直行するときは、職場を出るときに履き替えれば疲れずにすみます。

バッグで遊ぶ。大人の女の愉《たの》しみとして、ぜひトライしてみてください。

定番アイテム5——
いちばん肌に近い下着こそ

下着は、最初に肌にふれる衣類。デリケートな肌に直接つけるものだからこそ、自分にぴったり合う、心地のよいランジェリーがいい。

私はそう思っているのですが、見えない部分にそこまで手をかけられないのか、下着には特にこだわらないという方も少なくないようです。驚いたのは、ファストファッションメーカーの安価なものを着用している女性が多いこと。

でも、自分のために美しいランジェリーを一度でも身につけたことのある方なら共感していただけると思うのですが、それを身につけているのといないのとでは気分がまったく違います。

誰に見られるわけではないとしても、下着選びをきちんとしておくと、それだけで贅沢《ぜいたく》な気持ちで過ごすことができます。

気分が上がるだけではありません。自分の体型に合っていて、なおかつバストを美しく見せてくれるブラジャーをつけることで、洋服をきれいに着こなすことができるのです。素敵な大人の女性を目指すみなさまには、正しい採寸で、自分の体型に合った、お気に入りのランジェリーを見つけていただきたいと思います。

私自身が愛用しているのは、「ブラデリス」というニューヨーク生まれで、最近は日本のメーカー傘下に入ったブランドです。ここの下着の何より嬉《うれ》しいのは、プロのフィッターさんがつききりで細かく採寸してくれて、自分にぴったりのランジェリーをセミオーダーでつくれる点。胸の形に合わせて、中のクッションの大きさを変えたり、右胸、左胸での少しのサイズの違いにも対応してくださいます。3つのステップを踏んで〝理想の美胸、美尻〟を目指し、いちばん美しく見えるブラジャーのつけ方も丁寧に教えてくれる。

補整下着というとお値段がずいぶん上がりますが、こちらのブランドはお手頃価格のうえ、色やデザインも豊富なのです。

ランジェリーを選ぶときは、試着は必須です。また、体型は年々少しずつ変化しますから、一年に一度はプロのフィッターさんに正しいサイズを測ってもらうようにもしています。サイズの合っていない下着はからだをだらしなく見せてしまいます。ブラジャーからはみ出た脇の肉、アンダーバストを支えるラインの位置が異常に高い、カップが浮いて見える……。いろいろ気になりますが、いちばん残念なのは、バストの位置が下がってしまうこと。

加齢とともに、胸が下垂し、デコルテの肉もそげ落ちてしまうのは避けられない自然現象ですが、そのままにしておくと、年齢以上にふけこみます。

しばらくサイズを測っていない、という方は、ランジェリーショップでフィッターさんに相談してみるとよいでしょう。下垂したバストを持ち上げてくれるだけでなく、外に響きにくいタイプや、締め付けすぎないからだにやさしいブラジャーなど、あなたの悩みを解消してくれるランジェリーを探してくれるはず。

年を重ねれば重ねるほど、下着選びは軽視できない重要事項です。

定番アイテム6――スーツとスウェットの間の服

人生の大半は、ふつうのありふれた日常の連続です。何もしないでいると、ただなんとなく一日が過ぎていくことも多いと思います。それはそれで平穏かもしれませんが、気をつけないと、毎日のおしゃれにまで「なんとなく感」が移ってしまいます。

「今日は大事なプレゼンだから、とっておきのパンツスーツで決めよう！」

「親友とのディナー。たまにはフェミニンなワンピースで驚かせちゃおう」

「大好きなアーティストのコンサート。光沢のあるジャケットでドレッシーにいこう」

変化のある日々を送っているひとは、装いにも彩りがあります。

以前、結婚相談所に登録している方々に向けてマナーやブラッシュアップ術のレッスンをさせていただいたことがあります。そこで出会った一流企業にお勤めの男性に、「クローゼットにはどんな服が入っていますか？」と尋ねたところ、「スーツかスウェット、それしかありません」ときっぱり。ウィークデーは仕事着としてのスーツ。家ではスウェットしか着ないし、仕事が休みのときは一日中それで過ごしているとのこと。近所で買い物をするときもスウェットで出かけると、当然のようにおっしゃいます。驚いて、デートのときは？　と訊くと、「スーツでいいじゃないですか」というお答え。会社用のビジネススーツをデートでも着回せばよろしいではないかという発想のようです。

極端な例をご紹介しましたが、「スーツとスウェットしかない人生」って、どう思われますか？　仕事人間で、趣味も特になくおしゃれにも無頓着。そういう男性を素敵に感じるでしょうか。

女性も同じです。無難な仕事着と普段着はスウェット。それでは、どんなにチャーミングな魅力を持つ女性でもくすんで見えます。若さを卒業した大人であればなおさらです。

日常のマンネリ化から脱出するために、ひとつ提案があります。

昼と夜の装いに変化をつけてみませんか？

ヨーロッパでは仕事をする日中と、夜の装いを変えることが一般的です。職場と住まいが近いとか、食事の時間帯が遅いなど、日本と異なるため、仕事が終わっていったん自宅に戻り、着替えて外出するのが一般的だからです。

それはプライベートをより愉しむための彼らならではの発想でもあると思います。

私はモナコで暮らしはじめたばかりの頃、一日を同じ服で過ごさないことがとても新鮮でした。といっても、毎晩ドレスアップして高級なものを身につけなさいということではありません。

たとえば、昼間はTシャツにパンツの男性が、夜、食事に出かけるときはジャケットを着用してネクタイを締めずともポケットチーフをあしらう、などちょっとしたことです。女性は日中着用していたジャケットを脱ぎ、代わりに大きなアクセサリーをつけるなどして華やぎを加える、など。

ふだんの日常ではハードルが高いという方は、旅先で実践してみるのはいかがでしょう。日中は観光で動きやすい格好が楽ですから、スニーカーにパンツ、上はカジュアルなシャツで十分。でも夜は、素敵なレストランで食事をしたい。そんなときに、デイタイムの格好のままではふさわしくありませんよね。

たとえば、スニーカーのままでも星のついたレストランに入店することはできますが、大切なお客さまとして扱ってもらえません。端のほうの席に案内されたり、サービスも素っ気なかったり。それで「評判の高いレストランだったけれど、たいしたことなかった」という印象を持ってしまい、自分たちにその原因があったことを気づかないまま終わってしまう……。とてももったいないことです。

昼と夜と、シチュエーションが違うのですから、TPOに合わせた装いを心がけるのは、大人として大切なたしなみといえるのではないでしょうか。

ジャケットを羽織るとか、靴を履き替えるとか、それだけでもずいぶん印象は変わるものです。

相手に与える印象もそうですが、意識しておしゃれをすることで、何より自分自身が楽しめます。自信も持てます。

日常に変化をもたらし、いつも新鮮な気持ちで日々を迎えることは、若々しくいるためにも大切な心がけだと思います。

プチプライスアイテムで冒険

日常にアクセントがほしい。そんなときに、私はふだんは手にとらないようなアイテムをクローゼットに加えてみることにしています。いつもとは違った自分を演出することができて、新鮮な気持ちになれたり、気分を変えたりしてくれるもの。それらは、長く愛用するわけではないので、チープなもので十分。ワンシーズン活躍してくれたら「役割を果たしてくれてありがとう」と手放しても惜しくない程度の感覚で買えるものです。

たとえば、5000円くらいで購入した夏のサンダル。全体がシースルーで、足が全部透けて見える斬新なデザイン。ピンヒールの部分がショッキングピンクになっています。素材がビニールというのもあって、キッチュでどこかレトロな雰囲気に一目惚れ。「ペディキュアは絶対にショッキングピンクで合わせるべきよね!」とひとり盛り上がり、サンダルを買ったその足で同じ色のマニキュアも手に入れました。

モナコの夏は、太陽の光がたっぷりと降り注ぎ、明るく開放的で陽気なエネルギーに満ちあふれています。ショッキングピンクのペディキュアに、同じ色がポイントになったシースルーサンダルは、さぞかし映えるに違いない。脚をきれいに見せるようにピンク系の、少し丈の短めのワンピースに合わせよう。

そんなイメージを膨らませて、クローゼットのなかにそっとしまいました。デザインが特殊なので、ふだんづかいするタイプではないのです。でも、いいのです。手元に置いておけば、いつか必ずこのサンダルが似合うシチュエーションが訪れます。これまでも、クローゼットに迎え入れることによって、それを身につけるのにふさわしい機会が舞い込んできました。その経験から、「どこに履いていけばいいかわからない」なんて悩みはありません。

スタンバイOK。いつでも非日常へトリップする準備はできているわ。

遊び心と冒険心いっぱいに、その日を待つ日々。

日常に、ささやかだけれど、楽しい変化を起こすアイテムは、小物やアクセサリーが取り入れやすいと思います。

メガネ、バッグ、スカーフ、ネッカチーフ、帽子……。

ふだんは選ばないけれど、挑戦してみようかなと思える小物に出会えたら、なおかつお値段がプチプライスだったら、それは「買い！」。

いつもと違った自分を楽しんでみてください。

気に入ったら色違いで揃える

私は気に入ったデザインの服に出会うと、色違いで買い揃えることがよくあります。

2年前にセルビアでとても素敵なパンツスーツと出会いました。セルビア共和国は旧ユーゴスラビアの内戦のイメージが強く、治安の悪い国という印象もあるようですが、実際はそんなことはなく、人も親切で安心して旅を楽しめる国です。セルビア人がデザインするブランドも数多くあります。そのときは、代官山のような雰囲気のファッションストリートで、カラフルな色のワンピースやジャケットなどが並ぶブティックに立ち寄りました。

そこで一目惚れしたパンツスーツは、袖が広がっているノーカラータイプのジャケットスタイル。試着するとサイズもぴったりで、10色ぐらいの展開があるなかで鮮やかなピンクをチョイス。

これが大正解！

ちょっとした会にも、カジュアルにも着られる使い勝手のよさもあって、かなり登場回数の多いスーツとなりました。

1年後、ふたたびセルビアを訪れる機会があり、私は同じ型のものを思い切って7着、大人買い。ピンクのスーツがあまりにも気に入り、ほかの色もクローゼットに迎え入れたいとセルビアに再訪できるチャンスを待っていたので、何の迷いもありませんでした。

選んだのは、シンプルな白と黒、それに原色の赤、緑、青、オレンジ、そして最初に購入したピンクと少しデザインが異なるピンク。友人に話すと、「いくら気に入ったからといって、同じデザインの服を8着も!?」と驚かれますが、上下、違う色でコーディネートするなど、着回しも楽しいのです。何を着ていこうかと考える時間がないときでも、そのときの気分で色を決めてこのスーツを着るだけでおしゃれが決まるので、とても重宝しています。

人気のスタイリストさんでも、自分に似合う服、お気に入りの服は、色違いで揃えるという方はけっこういらっしゃいます。マイスタンダードといえるアイテムをいくつも持っておけば、それがスタイルとして確立していくはずです。

色違いで持っていて様になるのは、上質な素材のつくりのいいもの。ずっと愛着が持てる、自分なりのスタンダードを見つけたら、ぜひ色違いで揃えてみることをおすすめします。

クローゼットの棚卸し

服が幸福を運んでくる。

ドレスとの出会いによって、クローゼットに入れるもの次第で人生が変わることを知った私に、その思いを確信に変える出来事がありました。

クローゼットの整理をしていたときのこと。10年くらい前に気に入ってよく身につけていたパンツが出てきました。広げてみると状態がよく、まだまだ穿けそうです。試しに脚を入れてみたところ、なんということかウエストが窮屈でジッパーが上がりません。10年前の体型とは変わってきていると自覚しながらも、現実を突きつけられたようでショック！

つい、そばにいた義母のジョゼットにこぼすと、彼女は信じられないというように目を丸くし、あきれ顔でこう言ったのです。

「何を言っているの、ユリエ。あなたは10年前の服がいまも似合うとでも思っているの？」

それはつまり、10年前の自分といまの自分は、年齢も違えば、人間としての深みも違う。10年を重ねているということは、それだけ経験を積んでいるのだから、そんな昔の服が似合わないのは当たり前。もし、いまのあなたにもぴったりだとしたら、それはあなたが成熟できていない表れであり、恥ずかしいことだというのです。

日本では、若いときの服が着られるというのは、当時の体型を維持できている証拠のように、褒められることが多いでしょう。

でも、成熟文化のヨーロッパでは、発想がまったく逆でした。「そんな昔のもの着られなくて当然。20代には20代の、30代には30代の似合う服がある。あなたは40代なのだから、いまのあなたを美しく見せる服を選びなさい」

ジョゼットのアドバイスを受け、私はハッとしました。

だらしのない体型にならないよう努力することや、お肌や髪のケアを怠らないこと、そして、新しいことにチャレンジするなど気持ちのうえでも若々しくいることは女性として大切なことだと思います。でも、もうすぐ50歳を迎える私がこれからどんな女性になりたいか、ひとにどう見せたいかを考えると、ジョゼットの言うように、いまの自分に見合う装いをするべきだと気づきました。

おしゃれにも新陳代謝が必要なのです。新陳代謝は、健康や美肌に欠かせない機能ですよね。ところが悲しいかな、代謝は加齢とともに衰えていきます。運動を習慣にし、食事に気をつけ、十分な睡眠をとるなど、努力しなければ代謝を維持、向上させることはできないのです。

クローゼットのなかも一緒。定期的に点検し、自分との間に違和感を覚えるアイテムを見つけたら、思い切ってサヨナラすべきです。そうしてクローゼットにスペースができれば、いまの自分、これからの自分にふさわしいものが自然と飛び込んできます。

クローゼットの棚卸しを行い、おしゃれの新陳代謝を高めておくことは、健康や美容のケアと同じくらい大事なのです。

服には旬がある

おしゃれの新陳代謝を高めるうえで、頭に入れておきたいことがあります。それは、どんなトレンド服であっても、ヘビーローテーションで愛用してきたアイテムであっても、「おしゃれには旬がある」ということです。

マルシェに並ぶ野菜をイメージしてください。収穫したばかりの旬の野菜はいきいきとして新鮮で、調味料がいらないくらい、そのものの味がおいしいですよね。それに比べて時季はずれの野菜はどこか味が薄く、どうしても旬の味には及びません。洋服も同じ。旬を終えた服は、いつの間にか色褪《あ》せ、まったく素敵に思えなくなります。

この「旬」とは、トレンド、流行を指すものではありません。身につけていて気分が上がるもの、上機嫌になれるもののことです。

私はその日のコーディネートは、その日の朝に決めることが多いのですが、着替えたときに「今日の私、１００％ＯＫ！」と思えなければ出かけたくありません。少しでも、「ここがイマイチ……」と思ってしまうと、一日中ずっと気分が晴れないし、自信もなくなっていきます。

自分を肯定できない状態では、出会いもチャンスも巡ってきません。私は自分の経験からそう信じています。だから、毎日、１００％納得のいくコーディネートを心がけますし、旬が終わった服を着ることもありません。

もし、クローゼットを開けて、しばらく着ていない服があることに気づいたとします。記憶をたどり、ワンシーズン着ていないとわかったら、潔くワードローブからはずします。「もったいないから着ようかな」という気持ちがわいてくることもあります。でも、ワンシーズン一度も袖を通さなかったという事実が、「旬が終わった」ことを示しています。新品に近いものであれば、それが似合う友人知人に声をかけて譲ることもありますし、思い切って処分することもあります。

役目を終えた一着に「ありがとう」と感謝し、つねに自分の気持ちが高まる「旬」を身にまとっていたいと思っています。

試着はマダムの基本

いいと思って買ったのに、いざ着てみるとどこかしっくりこない、似合わないような気がする……。そうやってタンスの肥やしが1枚、また1枚と増えているひとはいませんか？

買った服がフィットしないのは、試着をせずに購入したせいかもしれません。最近は、面倒だから、時間がないからと試着せずに服を買うひとが、ネットショッピングも含めて増えているようですが、あまりにもリスキーです。

たまたまサイズがぴったり合って、自分の雰囲気にも似合うものを手にすることができれば、それはラッキー。たいていの場合は、「イメージしていたのと違うけど、まあいいか」と適当なところで自分を納得させ、ピンときていないものでも妥協して着ているのではないでしょうか。そして「まあいいか」と思えなくなると、クローゼットの奥に追いやられて二度と日の目を見ないはめに……。

私は、どんな服でも必ず試着します。シンプルなTシャツやカットソーであってもです。そうした何気ないデイリー服であっても、襟ぐりのあき具合や、身丈・袖丈の長さ、フィット感などは着てみなければわかりません。細かいことかもしれませんが、大人の体型には、こうした細かいディテールによって似合う、似合わないが決まってくるのですから、試着は必須。ディテールのフィット感は、おしゃれの肝のように思うのです。

私は、仕事柄、頻繁にさまざまな国を訪れます。そこで必ずチェックするのが、現地のブランドショップ。気になった服は、すぐに試着して、自分に似合うものを見つけたら購入しますが、試着だけで終わることもたびたびあります。

ただ眺めるのではなく、たくさん試着をすることによって、皮膚がひとつひとつの衣服の形や肌ざわりを記憶します。その記憶の蓄積があるから、ずらりと並んださまざまなタイプの服のなかから、パッと自分に似合うものを瞬時に選ぶことができるようになったのだと思います。

若いときは、私もたくさん失敗しました。ショップで「いい！」と思ったはずなのに、実際に着てみるとそうでもなかったり、すぐに飽きてしまったり。

トライして失敗して、またトライして。その繰り返しはみなさまと一緒だと思いますが、少しだけ違うのは、誰よりも試着をしてきたことだと思っています。

どんなファッションが自分のパーソナリティーに合っているか、個性を引き立ててくれるか。それらを熟知した女性の着こなしは、ハッとさせられるほど素敵です。

試着はマダムの基本。心得ておいてくださいね。

鏡をちゃんと見ていますか？

私の家では、玄関先にある全身が映る2メートル近くの大きな姿見をはじめ、部屋のあちこちに鏡を置いています。

鏡を通して、自分の全身を見ることはとても大切です。前からだけでなく、横からも、後ろからも、頭のてっぺんからつま先まで、「いまの自分」の姿をじっくりと見つめ、つねに自分に対して客観性をもっておくのです。

自分がどんな体型をしているか、それを正確に把握していなければ、何が自分に似合うのかわかりません。おしゃれなひとは、自分の体型や髪型とのバランスを考えたトータルコーディネートが上手。彼女たちは鏡の重要性を知っています。出かける前は、必ず全身が映る鏡を念入りにチェックしているでしょう。

私自身、一日に何度も鏡を見て、自分の姿をチェックしています。靴と洋服との組み合わせは合っているか、メイクと服とのバランスはよいか、上着を着たとき、脱いだときのコーディネートはどうか。それに、全体的な自分の雰囲気、見せたいイメージを表現できているか。鏡がある場所では、必ずちらっと自分を見るようにしています。

気になる乱れはその場で直し、つねに身だしなみを整えるよう心がけているのです。自宅だけでなく、外出先でも鏡を見つければ、そこでもチェック。ショップのガラスに映った自分も、他人の目で見るようにします。

「ずいぶん鏡を見ていません」「姿見はありません」という方は、ぜひご自宅に姿見をひとつ持つことをおすすめします。

自分のスタイルを確立するにしても、まずはそこからです。

ひとりよがりにならないために

自分のスタイルを貫くことは大事ですが、何でもかんでも自分の好きにすればいいということではありません。

服は、自分のためにあるものですが、ひととのコミュニケーションツールでもあります。自分がよくても、その場の価値を上げられないファッションはNG。まして、ひとりよがりのファッションで、他人に不快感を与えたり、迷惑をかけるのは大人として恥ずべきことです。

ひとりよがりの自己満足ファッションは、端から見ていわゆる「イタいひと」になりかねません。そうならないためには、自分を客観的に見ることが不可欠ですが、自分のこととなると、そう簡単にはいきません。女優さんやモデルさんのように、センス抜群の〝スタイリスト〟がほしいところです。

プロのスタイリストでなくても、正直な意見を伝えてくれる友人や知人、よく行くブティックのスタッフ、行きつけのヘアサロンの美容師など、身近に信頼できるセンスの持ち主がいるのではないでしょうか。彼らに率直な意見を尋ねてみると、他人から見た自分というものが見えてくるのではないでしょうか。

私自身には、3人の〝スタイリスト〟がいます。ひとりは、当スクールの講師でもあり、パーソナルコーディネーターとしても活躍している嵯峨裕美子さん。彼女からはエコール ド プロトコール モナコ代表として、また、経営者としてふさわしいファッションのアドバイスを得ています。

もうひとりは、義母のジョゼット。女性にとって「赤」というカラーの重要性と効用を教えてくれたひとであり、彼女の着こなしからセクシーな装いのテクニックを学んでいます。モナコにいるときは必ず彼女のファッションチェックを受け、OKをもらってから外出するようにしています。

最後は、夫のジョン。家族となると、「客観性に欠けるのでは」と思われるかもしれませんが、彼は自分の意見をはっきり表現するフランス人です。アメリカに長く住んでいたこともあり、また、アジア各国も飛び回っているため、ヨーロッパの目、アメリカの目、アジアの目を持っています。似合っていないものを褒めることはまずありません。「無難すぎるんじゃない？」「君らしくないな」などと、ストレートにNGを出してきます。そんな厳しい夫だからこそ、私は彼の意見を信頼しているのです。

鏡で入念なセルフチェックをしつつ、客観的な目で見てくれる身近なひとの意見を取り入れる。この二重チェックで、自分自身も、他人から見た自分も、「似合っている」と納得する服選びができるようになるでしょう。

でも、そもそも自分に似合う服がわからないというひともいるかもしれません。

そういう方におすすめしたいのは、褒められファッションをおしゃれの軸にしてみるということです。

「その服、似合っているわね」

「今日のコーディネート、あなたにぴったり」

そんなふうに褒められたこと、ありませんか？　褒められるということは、純粋にそのときの服があなたに似合っていたからです。

思い出してみてください。そのときのファッションのどこが自分を引き立てていたのでしょうか。色や柄なのか、デザインなのか、全体の雰囲気なのか。

私が褒められるときのファッションにはいくつかの共通項があります。

まず、色がビビッドであること。赤を身につけると、本当によく似合っていると言っていただけるのですが、ほかにも、パープル、ブルー、イエローといった鮮やかな色をトップスにもってくると、はっきりとした顔立ちを引き立ててくれるようで、「らしい」と言われます。

また、クリーンな「白」も自分のイメージカラー。オフホワイトとかアイボリーのように黄みがかった白ではなく、混じりっけのないピュアホワイト。

眩《まぶ》しいぐらい真っ白のシャツにストレートデニム、それにシャネルのサングラスをワンポイントに加えて。そんなシンプルの極致といった格好も気に入っているのですが、さっぱりと男っぽいところもある性格に、バイクやランなどスポーティーなことも大好きな私の一面を表現しているのでしょう。何気ない普段着ですが「ドレスもいいけど、白シャツもいいね」なんて言ってもらえます。

ひとの意見は、自分という人間の客観的なイメージを知るのにもってこい。褒められファッションを分析することによって、自分らしいスタイルを表現できる服選びのヒントになるでしょう。

III

クローゼットの基礎づくり

おしゃれなひとはみな運動している

フランスの友人アーレットが70代でもハイヒールを一日中履き続けていられるのは、日頃から体力づくりをしているからだというエピソードをこれまでにご紹介しました。

社交の国、フランスでは一日のうちにランチもディナーもパーティーという機会は珍しくありません。ゆっくり食事をして、集まったひとたちと会話を楽しむ時間も含めると、一度のパーティーに4時間、5時間は当たり前。それだけ長い時間をほとんど座らずに過ごし、食事もお酒もしっかりいただくには、健康で体力がなければ楽しめません。

私は生徒さんたちにもよく言うのですが、「社交は体力がすべて」。

社交というのは、きれいに着飾ってお人形さんのように黙って座っていればいいわけではありません。

ひととの交流の輪を広げていくには、初対面のひとに対しても自分から積極的に話しかけ、自己紹介や趣味などの話題から相手と親しくなるための話術や気づかいが必要です。話すことにもエネルギーを使いますし、「食べる」ことにも体力がいります。

社交の場では、服装にも気配りが欠かせません。TPOに合わせてフォーマルなドレスを着用すべきシーンもありますし、そこまではなくても、ジャケットやワンピースが求められる場もあるでしょう。

大切なのは、足元です。どんなにコーディネートが決まっていても、スニーカーでは台無し。ここぞというところでは、やはりハイヒールを履きこなしたいものです。

ハイヒールは女性の象徴。年齢を重ねたヨーロッパのマダムたちが颯爽《さっそう》とハイヒールを履きこなす姿を見てきたなかで、そう実感するようになりました。彼女たちは、女としての自分を魅せるアイテムとしてハイヒールを手放さないのです。

どんな年齢の女性の脚も美しく見せるのがハイヒールの素晴らしいところ。何より、ヒールを履けるのは女性の特権。その意識が自分を輝かせ、大人の女としての自信を高めてくれます。

私自身は、死ぬまでハイヒールが履ける女でいたいと思っています。いえ、履き続けます！　先輩のマダムたちを見習って。

彼女たちだって、年齢なりに衰えを感じているでしょう。それでもハイヒールを履いて長時間のパーティーを過ごせるのは、そういられるように努力しているからです。ウエストがきゅっと締まったドレスや、重厚なアクセサリーを重ねづけするなど、リラックスとは真逆の格好でいられるのは、それを苦痛に感じないだけの体力を備えているからです。

そう。社交は体力。おしゃれの要《かなめ》も体力なのです。

先日79歳を迎えられたばかりのデヴィ・スカルノ夫人。大統領夫人としてご主人を支えられ、のちに「東洋の真珠」と言われ欧州社交界の華としてたくさんの方々を魅了し、現在はタレントとしてご活躍でいらっしゃいます。そのデヴィ夫人は常にハイヒールを履いていらっしゃいます。お食事会やパーティはもちろんのこと、飛行機の移動時もハイヒールです。女性らしく、パワフルで、そしてチャレンジ精神を忘れないデヴィ夫人。私にとってお手本にしたい唯一の日本人女性で、インターナショナルレディです。

80歳までハイヒールを履き続けるための習慣

ドレスもハイヒールも重たいアクセサリーも、どんなファッションも楽しみたい。だから私は、そのためのエクササイズを習慣にしています。

エクササイズといっても、ジムに通うなどわざわざそのために時間をつくることはほとんどしません。

基本は、「歩く」こと。どこにいても、目的地のひと駅手前で降りて歩くようにしています。また、時間があるときは、一日30分と決めて走ることも。フルマラソンに出場したことがあるので、ランニングは慣れているのですが、長い時間はとれません。30分ランニングは、距離にして3、4キロ程度。準備して、走って、シャワーを浴びて身繕いを整えるのに1時間かからないので、無理なく続けられています。平均して週に2、3回は30分ランニングをするようにしています。

ひとによっては、走るなんて無理！　という方もいらっしゃるでしょう。友人たちから「ユリエはストイックだから」などと言われたりしますが、何も努力しなければ加齢の宿命で代謝は落ちる一方。幸いなことに、私は続けられる範囲のなかで自分にプレッシャーをかけるのが好きです。普通の生活レベルに、プラスアルファ、30分走ったり、腹筋をしたり、自分に少し負荷をかける。そうやっていつも何かにチャレンジしていたいのです。

一日30分、運動のために時間をつくるのも難しい、そもそも運動は苦手、という方は、通勤など出かけるときに、できるだけ歩くこと、エスカレーターやエレベーターは極力使わずに階段を使うことを心がけるとよいでしょう。

階段生活を習慣にするだけでも、足腰はかなり鍛えられます。全身のなかでいちばん大きな筋肉が集中しているのは、太もも。適度に筋肉がつくことによって、ハイヒールを長時間履いても疲れにくいからだになります。

たるんだからだでは、どんなに高級なブランドを身につけてもその価値が活かされません。筋肉がつくと女性らしくなくなると心配されるかもしれませんが、女性は体質的に男性よりも筋肉がつきにくいので、これくらいの運動ではムキムキになりませんからご安心を。引き締まったメリハリボディはどんな服もカッコよく着こなせるでしょう。

また、筋肉がついてくると基礎代謝が向上します。代謝は、新しく細胞をつくったり、効率よくエネルギーを消費するからだをつくってくれる、美肌・美髪やダイエットの味方。スタイルを維持し、若々しい肌と髪を保つのに、代謝の向上は欠かせないのです。つまり、運動で筋肉をつけることはいいことずくめ！　まずは、階段ライフから始めてみませんか？

ヘルシーなからだづくりは食事から

私たちのからだは、毎日何を食べ、どんな生活を送ってきたか、その結果でできています。日々、からだを動かすことに加えて、食生活に気をつけることも大切です。

「若い頃より食べなくなっているのに、太りやすくなった」

「ダイエットしても体重が落ちにくくなった」

こうした悩みを抱えている方もいらっしゃるでしょう。

私は10代の頃は太っていたので、体型に関してはみなさま以上に敏感です。20代に入ると自然と体重が落ち、一時、モデルの仕事をしていたことがあるくらいまでスタイルが変わりました。

それが40歳の声をきくあたりから、こんなところにお肉なんかなかったのに！　という二の腕や腰まわりに、いつの間にかうっすら脂肪がついてきました。

体型の変化は自分自身がよーくわかっているのですが、いまでもドレスなど、デコルテや脚を見せるファッションをしていると、「体型が変わらなくて羨ましい」「どうやって体型維持しているのですか？」とたびたび声をかけられます。

スタイルを褒められることが多いのは、よくからだを動かしているので適度に筋肉がつき、引き締まった印象を与えているのでしょう。さらに、「よく食べる」こともヘルシーなからだをつくるのに大いに役立っていると思います。

いま、お米やパン、麺類などの糖質を制限する食事法やファスティングなど「食べない」ダイエット（健康法）が流行っていますが、私はその真逆。日本人の体質に合った良質な食材を適度に「食べる」ことで体型維持につなげています。

日本人に合った良質な食材の代表といえば、お米。私たちは、長い歴史のなかでお米を主食として、民族のいのちをつないできました。お米は生きるエネルギーの源です。

ごはんは太るから食べるのを控えているという女性は少なくありませんが、私は健康のためにも、スタイルを維持するためにも、一日一食はお米を食べています。

お米のすばらしいところは、お茶碗に軽く一杯程度でも満足感が高いので、余計なものを口にしなくて済むこと。間食は、ほとんどしませんし、食事と食事の間に口寂しくなって何かをつまむこともありません。それで一日をパワフルに動き回れるのですから、日本人にとってお米は「パワーごはん」なのだと実感します。

20代後半からヨーロッパの食生活をするようになり、30代、40代はパスタもたくさん食べたものですが、いまは小麦粉を控えています。テニスプレーヤーの錦織圭《にしこりけい》さんが「パワーの源は?」と聞かれて「おにぎりです」と答えているのを見て、大きく頷きました。それモデルのように華奢《きゃしゃ》なスタイルで服が決まるのは、肌にハリのある30代前半まで。それ以上の年齢になったら、筋肉のない痩せたからだは、逆に貧相に見えてしまうでしょう。

それ以上に問題なのは、筋肉の減少は代謝の低下につながるということ。代謝が落ちると、疲れ、風邪、冷え性、肌荒れ、さまざまな不調が表れやすくなるといわれています。当たり前のことですが、ファッションも人生も、心身ともに健康でなければ楽しめません。私たちのからだは、極端な制限や偏った習慣を続けると、無理が過ぎて悲鳴を上げるのだと思います。

不健康では、せっかくおしゃれをしても魅力が半減してしまいます。何より本人が楽しくないに違いありません。

私は日本人の美の基準は、細すぎると思っています。欧米ではボリュームのあるスタイルのほうが男性女性に関係なく好まれます。私たちは、もう少し、体型におおらかになっていいのではないでしょうか。

主食とともに、お肉や魚、野菜など、何でもバランスよく食べる。そして、良質な睡眠をとる。適度にからだを動かす――。王道ですが、ヘルシーで若々しいからだを手に入れるのは、これが基本であり究極だと、50歳を前にしてつくづく実感しています。

125歳まで生きる健康法

私は周囲に「125歳まで生きるつもりです」と公言していますが、そうなれたらいいなの夢物語ではなく、昨今の科学の進歩があれば、日々の心がけ次第で必ず実現できると信じています。

それも、介護が必要な状態で生きながらえるのは避けたい。死ぬまで自分の足で元気に歩くことができ、最後まで自立した生活を送りたいと思っています。

いつまでも美しくありたいですし、ファッションも楽しめる人生を全うしたいのです。

そうなるためには、日々の努力が欠かせません。年齢を重ねても美しいひとは、必ず節制しています。何もせず、ただ過ごしているだけでは、美も、健康も手に入れることはできないのです。

私も125歳まで生きることを目指し、毎日欠かさず実践していることがいくつかあります。

ひとつは、自家製のショウガ湯を飲むこと。これは、私が美容と健康を維持するために従事している中医学の先生からすすめられたレシピです。ショウガにはからだの芯から温め、血行を促進するとともに、内臓の働きを整える作用があるそうです。先生は、消化機能を整えることが、健康で美しくあるための秘訣《ひけつ》だとおっしゃっています。

つくり方は簡単。ショウガの薄切り50枚（大1個分）を乾煎《からい》りして、そこへ2リットルのお水を入れて約1時間煮詰めます。だいたい半分の量になったところに、黒糖を加えて、お好みの甘さに調整してください。

これを夕方までに数回に分けて飲み切ります。このショウガ湯を飲むようになって、からだが冷えなくなりました。代謝がよくなったおかげで肌の調子もとてもよいです。ショウガが入った健康ドリンクは市販もたくさんありますが、愛情をかけて手作りしたものは、市販のものとは違う効果を発揮するでしょう。

私の友人に、対照的なふたりの女性がいます。ともに70代。アメリカ人の友人は、ボトックスをはじめ、さまざまな美容外科治療を続けてきた結果、美しくはあるのですがどうしても不自然さを感じてしまいます。

もうひとりはフランス人で、徹底したナチュラル派。食べるものも肌につけるものも、オーガニックにこだわり、よく太陽の光を浴びているため陽に焼けています。性格も太陽のように明るく陽気で、内側から輝くような魅力があります。ただ、紫外線対策など気にせずにいるせいでしょう。肌は浅黒くガサガサに荒れているのが気になります。

超最先端美容派の女性と、超自然派の女性。ふたりとも、美にこだわり、美しさを追求している点は共通していますが、考え方や方法は正反対です。

極端なふたりを見ていると、自分はどんな歳の重ね方をしたいだろうかとよく考えます。私がお手本とするのは、そのどちらでもありません。

肌のツヤやなめらかさが失われてしまっても、自然であることにこだわるのは偏っていると思いますし、70代になってもしみ、シワがひとつもない肌はやはり不自然。その状態を少しでも長く保とうと、彼女はできるだけシワが増えないように表情に気をつかっているのですが、つねにそれでは神経が疲れてしまいます。

では、私が目指しているのは？　理想とするのは、内側からにじみでるような美しさです。

中医学の先生に教わったとおり、内臓の働きが整っていれば、肌や髪も整う。それが基本です。からだの内側を整えることが、そのひとが持っている本来の美しさを引き出す最大にして唯一の手段なのです。

内臓機能を整えるには、からだをしっかり休ませることも大事。どんなに忙しくても必ず6時間は睡眠をとるようにしています。どんなに気持ちが若くても、もう20代や30代ではないのです。無理を重ねると、そのうちそのツケが回ってきます。

十分な睡眠を確保するために、移動中は「眠る時間」に充てています。特に、飛行機での移動は貴重な睡眠タイム。映画も読書もおしゃべりもお預けにして、座ったらすぐに目を閉じます。幸い、私はどこでもいつでも3分で熟睡できてしまうので、タクシーでの移動でもひと眠りしてスッキリ。リフレッシュできるのです。

以前、メンタリストのＤａｉＧｏさんが「18分程度の昼寝は、夜3時間の睡眠に匹敵する」とテレビでおっしゃっていたのを聞き、試してみたら、疲れがとれて集中力がアップ。科学的な効果のほどはわかりませんが、「さあ、これで3時間分の睡眠をチャージできた！」と思うと、からだも心も軽やかになります。

世の中には健康や美容にいいとされるものが氾濫しています。しかし、あるひとには効果があっても、自分に合うかどうかはわかりません。流行や情報を鵜呑みにせず、必ず自分の目で見て、実際に試してみる。そのときにどう感じたのか。自分のからだの声に耳を傾け、取り入れるものを判断したいと思います。

「いまがいちばんキレイ」でいるための朝の儀式

究極は、いくつになっても、いつでも、自分のことを「いまがいちばんキレイ」と自己肯定できること。最近、そんな気がしています。

私は、どんなときでもそう言える自分でいたいと思い、習慣にしていることがいろいろありますが、なかでも特に大切にしているのが朝のマッサージです。

毎朝、目覚めると、足先から全身をマッサージしながらそれぞれの部位に声をかけていく、一種のおまじないのようなものです。

くるぶしから足首、ふくらはぎにかけて筋肉を上に引き上げるようにしてマッサージします。キュッと引き締まった足首と、カモシカのように美しい筋肉がついたふくらはぎになることをイメージしながら、膝からヒップにかけて同じようにマッサージ。そして、お尻を上のほうに持ち上げながら「あなたの位置はここ！」、ウエストも加齢とともに曖昧になってきますが、おなかを引き締めて脇に手をおき、「ウエストはくびれてるのよ」、おなかにも「あなたもぺったんこでいましょう」と言い聞かせます。次に、指先から二の腕に向かってマッサージしながら、乳腺のリンパのあるあたりをほぐし、末端から心臓にかけて血の巡りをよくするイメージでもみほぐしていきます。バストも下垂しないようにグッと引き上げて「ここがあなたの位置！」と教えます。

こうして、寝ている間に位置がわからなくなっている細胞に、正しい、いえ理想のスタイルを教え込むのです。

そんな子どもだまし、と笑われるかもしれませんが、いまがいちばんキレイでいるための自己暗示、やってみると案外と効果があるものです。

からだの部位だけでなく、顔も同様に言い聞かせます。

化粧水やクリームをつけるとき、頬を両手で包み込むようにするのですが、そのときに「上がりましょう」「うるおい肌になりましょう」など鏡を見ながら唱えます。

そうすると、体内の細胞が暗示にかかり、活性化するような気がします。

シンガーの野宮真貴《のみやまき》さんは、「私は美しい」「私は太らない」「私は若い」と鏡の前で自己暗示をかけるとご著書のなかで告白されていましたが、肯定的な思い込みは女性をキレイにすると私も信じています。

また、自分のからだや顔に触れることは、コンディションの確認にもなります。肌がかさついていたり、いつの間にか脂肪がついていたりと、小さな変化でも早めにキャッチすることが大事。ひどくならないうちに対策をとれるからです。

「美」の基準はひとつではない

子どもの頃から太っていて外見に自信がなかった昔の私。その頃を知らないひとに「小学生のときのあだ名はメガネブタだったのよ」と笑って打ち明けると、みなさんびっくりされます。いまの私からは想像できないというのです。

たしかに身長150センチちょっとで65キロあって丸々していた頃から比べると、ずいぶんスリムになりましたが、モデルのように細いわけではありませんし、年齢なりに腰まわりや二の腕にお肉はついていています。

小柄で痩せている女性のほうが美しいという概念が強い日本では、ずいぶんと肩身の狭い思いをしてきました。ひとつの価値観しか知らなかったため、自分は美しくない、素敵じゃないとずっと思い込んでいたのです。

みんなが憧れる棒のように細い脚になりたくて、足痩せ専門のエステに通ったり、無理なダイエットに挑戦するなど、さまざまな努力もしました。

しかし、もともとが筋肉質のため、どんなに頑張ってもふくらはぎの筋肉はたくましいまま。エステの担当者から「しばらく運動しないでください」と言われてしまう始末でしたが、普通に歩いているだけでも筋肉がついてしまいます。

そんな自分にコンプレックスを抱いていた私ですが、あるときから背が高いことも痩せ型ではないことも自分の個性として受け入れられるように、ありのままの私を「これでいい」と信じられるようになったのです。

その自己肯定感がいまの自分を輝かせているのでしょう。「自信に満ちあふれている」「堂々としている」などと評価されるようになりました。

「いったいどうやってコンプレックスを克服したの？」

そう聞かれることもありますが、いまの私があるのは、自分のなかの「美」の基準を少しだけ変えたからです。

最初に意識したのは中学生のとき。外国映画を観ていて「自分が大きくて目立つのは、日本人が小柄だからだ」と気づいたのです。実際、アメリカに行ってみると、私よりも大柄な女性はたくさんいますし、肥満の部類に入るひとも多く、何より私が励まされたのは、彼女たちがみな笑ってハッピーに生活していることでした。

その楽しそうな様子を見て、こう思いました。

「外国に行けば、男性のようにからだが大きくても、太っていても幸せに暮らせる国がある。美しさの基準はひとつではないんだ」と。

日本のなかだけで生活していると、どうしても視野が狭くなりがちですが、あるモノサシで測ったときに評価されなかったとしても自分を低く見る必要はありません。ステージが変われば、逆に大きく評価されることもあるのですから。

私の経験でお話ししましょう。

以前、遊び着としていいかも、と手に取った総スパンコールの服がありました。ノースリーブにショートパンツのオールインワンタイプ。ひと目見た瞬間「かわいい!」と即買いしてしまいそうになったのですが、ちょっと待てよ、となりました。日本では「年甲斐《としがい》もなく」とか、「イタい女」と言われかねないと思ったからです。

客観的にどう見えるのか。いちばん身近で、いちばん冷静な意見をくれる主人に聞いてみると……「カッコいいじゃない」と即答。「本当に? 着ても大丈夫? イタくない⁇」とたたみかけて質問しましたが、「なんで? どこが?」ときょとんとしています。「ほら、私筋肉があるじゃない」と言うと、「筋肉があるからカッコいいんだよ」「マドンナを見てごらんよ」との意見。身内のひいき目だとして差し引いても、少し自信が持てました。

そのスパンコールファッションでモナコのナイトクラブへ。背が高いことが強調されますが、脚がきれいに見える高めのハイヒールを履いていくと、「ユリエ、カッコいいね」「よく似合っている」と友人たちが口々に褒めてくれます。

吹っ切れました。

たとえ日本で評価されなくても、自分の「好き」という基準を大事に、自信を持って堂々と身につけていれば、そのよさを認めて、魅力を引き出してくれるひとたちは必ずいる。だから、ひとつの価値観だけに縛られるのはやめよう。そう思うことができたのです。

そもそも、細かなパーツを批判するようなひとたちと接するより、自分の美的感覚、価値観と合うひとたちとのおつきあいを広げたほうが、人生は絶対に楽しい！

そう確信した瞬間から、ひとの批判や評価を気にしなくなりました。

コンプレックスは隠すより見せる

あるとき、アメリカ人の知人に「日本は覆う文化」だと指摘されました。全身を絹で覆い隠し、帯できっちり締める着物が長く日常着だったことも影響しているのでしょう。肌を露出する格好は避ける傾向にありますし、スカートのときはストッキングを穿くのが一般的。すっぴんは恥ずかしいとメイクで素肌を隠します。

対する欧米は、立派な二の腕も、失礼ながら大根より太い脚も、年齢の浮き出たデコルテも、シワやしみが目立つ素肌も気にせずに堂々と披露しています。彼女たちは他人からどう見られようが、自分がよければそれでいい、というスタンスなのでしょう。日本人がコンプレックスに感じて隠してしまいたくなる部分を、彼女たちは自分の個性としてオープンにしている。なんて自由で潔いのかしら！

私は大変感銘を受けました。同時に、太っていたり、シワやしみがあっても、自分に自信を持っている女性は輝いている。ひとつの個性として、チャーミングで美しいと感じました。

そういうこともあって、コンプレックスは隠さずに見せてしまったほうが逆に個性として引き立つのではないかという考えに至ったのです。

欧米人のように、まったく周囲の視線を気にせずに、「私は私」と堂々とするのもカッコいいですが、少しでもきれいになりたいとマッサージをしたり、食生活に気をつけたり、陰で努力をする日本人の健気さも私は大切にしたいと思っています。

コンプレックスは中途半端に隠すぐらいなら見せてしまおう。ただ、ひとに見られるのだから、キレイに見せたい。そのための努力は惜しみなく、キレイになった自分をイメージして楽しんで努力しよう――。

いまはそういう意識でコンプレックスとつきあっています。

いつか、ではなく「いま」始めよう

「○歳になったら、これを身につけよう」

「いつか私も○○を着てみたい」

そんなふうに、「いつかやりたいリスト」がある女性は少なくないようです。

でも、「いつか」というのは、いつでしょう。子育てがひと段落したら？　ダイエットに成功して理想のボディになれたら？　「いつか、いつか」と思っているうちに、あっという間に歳月は過ぎ、似合わない年齢になってしまった、なんていう残念な結末にならないといいのですが……。

「○歳になったら」というのも心配です。たとえば、ふだんおとなしい色しか着ていないひとが、「50歳になったら赤い服を着よう」と思ったとします。でも、その年齢になったからといって、いきなり赤を着こなせるわけではありません。

60歳オーバーのフランスマダムたちが見事に「赤」を自分のカラーにしているのは、昨日、今日で身につけたスタイルではありません。若い頃から、そのときの自分にピタリとくるデザイン、素材、色を取り入れてきた、その〝歴史〟があってこそです。

前にご紹介したアーレットも、70代になって背中のあいたドレスを着こなせるようになったわけではありません。ふだんから水泳をするなど運動を習慣にしていますし、食生活に気をつけるなど節制もしています。そうした日々の心がけあってこその、70代のアーレットなのです。

私が生徒さんや友人たちに彼女の話をすると、「私もそんな70代になりたい」と軽く言うので、「なりたかったら、いまから努力しないと絶対ムリよ」と厳しいようですが、現実の話をします。

たとえば、ピンヒールで2時間以上、パーティーで立ち続けられますか？　と。

ふくらはぎがパンパンになって、つま先も痛いし、座りたいと思うのが多くの女性ですよね。ましてや70代になったら足元がおぼつかず転んで骨折、なんてことにもなりかねません。

私のまわりには、年齢を感じさせない、本当に素敵な70代、80代のマダムがたくさんいます。彼女たちが私のお手本です。自分がその年齢になったときに、彼女たちのように背筋をピンと張り、ピンヒールをなんなく履きこなして背中も見せられる、そんな女性でいたい。何より、誰に何を言われようが、自分の生き方を貫いてきた強さとしなやかさが、彼女たちの最大の魅力です。自分もそうありたいと強く思っています。

みなさまも「いつかあのひとのようになりたい」「いつか、あのブランドを着こなせるようになりたい」……そんな目標があるのなら、そうなるためにいまから自分磨きを始めましょう。

Ⅳ

マダムのたしなみ

活躍するために――
信頼を得るアイテム

いくつもの顔を持っている女性は少なくありません。私は、妻の顔、母の顔、ひとりの女性としての顔、そして、マナースクールを主宰する経営者であり講師としての顔も持ち合わせています。最近では「アミチエ ソン フロンティエール インターナショナル」というモナコ公国のアルベール大公が名誉顧問総裁を務めるボランティア団体の日本支部の代表理事という役割も加わりました。

バラエティ豊かなワードローブには、スクール講師、経営者として選んだ服たちも揃っています。30代になったばかりでスクールを立ち上げた当初は、仕事をするうえでもひととお会いするときでも、「好きな服を着る」という感覚だけで選んでいたように思います。

でも、40代になり、経営者としての経験が増え、要職に就かれている方と接する機会も多くなってくるにつれ、日本と欧州の交流を深めるという自分の仕事に対する責任の重さを感じるように。意識の変化とともに、服選びも変わってきました。

服には、個性を表現するだけでなく、社会と自分を結びつける役割もある。そう気づいてから、私はスクールの代表として、自分が着たい服だけを身につけるのではなく、社会のなかで自分の役割や立場にふさわしい服装をすべきだと考えるようになりました。

仕事着としては、このひとなら信頼できる、任せられる。そう思っていただけるような、知性や責任感を表現する、きちんとした服装を心がけています。

スクールの生徒さんたちは、私のことを「先生」と呼んでくれます。そこには、尊敬であったり、憧れであったり、敬慕の気持ちが含まれています。その期待に応えるには、彼らの前ではどんなときもエコール ド プロトコール モナコ代表の畑中由利江でなくてはなりません。また、アミチエのボランティア活動のときには、お金が介在しないなかで周囲のひとのやる気を引き出すことが私のミッションとなります。そうしたときに、誰よりもひとに夢を与え、元気を与えるひとになれるよう、服装を選ぶうえでも考えを巡らせるようになりました。

憧れの女優さんが生活感丸出しの格好で目の前に現れたら幻滅してしまいますよね。あのひとにはこうあってほしい、という理想像、イメージがあるからです。私のように少しでもひとの上に立つ仕事を持たれている方は、相手からどう期待されているのか、それに適した服装とはどのようなものか、一度考えてみるといいでしょう。

私の場合、仕事上の打ち合わせでは必ずジャケットを着用します。相手が目上の男性の場合、ワンピースはタブー。軽く見られてしまうからです。

若い頃はまだ社会というものをよくわかっておらず、いつでも自分が着たい服を着ればいい、ファッションは自己表現と思っていました。肩の出るワンピースや、赤い服を着て、ギョッとされたり、「昼間から派手ですね」なんて言われたこともありました。昔は、何を思われても気にしなかったのですが、自分の社会的立場や責任を意識するようになった頃から、服装にも他者への配慮が必要だと思うようになりました。

いまは、仕事関係やかしこまった席では、ブラックやネイビーなど重みのある色を選び、スカートではなくパンツスーツを選ぶようにしています。私は身長が高いので、スカートにハイヒールでは威圧感を与えかねません。パンツにローヒール、ジュエリーも時計以外身につけないというのが、基本スタイルです。

スクールではジャケットを着るのは同じですが、真っ赤のスーツで決めたり、個性的な靴や小物でトレンド感やファッション性を表現するように心がけています。

ビジネスの場ではとにかく「きちんと感」が最重要ですが、生徒さんの前では、それに加えて、「おしゃれ」「オリジナリティ」「女性らしさ」「エレガント」などのエッセンスも大事。きちんとしているだけでは、わくわくするような夢を与えることはできません。

それぞれのシチュエーションに合わせて「ふさわしい服」「ふさわしくない服」をさらりと選べる。そんな大人の配慮ができる女性でありたいと思っています。

余裕と自信をつくる——身だしなみアイテム

若い頃から変わったことのひとつに、「どんなときも無防備でいない」ということがあります。

20代まではメイクをしなくても、肌に張りがあって十分キレイなのですが、40代ともなると、シワやしみ、たるみなど年齢を感じさせる変化は隠せません。そうした好ましくない変化を他人様にさらすのは、大人の女性として恥ずかしいことです。

たとえ、「誰にも会う予定がない」日であっても、気を抜かないようにしています。ちょっとそこまで買い物に、とすっぴんと部屋着の延長のような格好で出かけたときに限って、きちんとした姿を見せたい相手と出くわしてしまったり、素敵なひととの出会いが待ちかまえていたりするものです（昔、ユーミンの歌にもありましたよね）。

たとえば飛行機に乗るときも機内で寝ようと思って、ラフな格好にほぼノーメイクで搭乗することが多く、その結果、偶然乗り合わせた友人やキャビンアテンダントになったスクールの卒業生に無防備な姿をさらすことがありました。

年齢を重ね、どんなときも、誰かに会うかもしれない、何かが起きるかもしれないという意識が芽生え、身だしなみを整えるようになりました。

私が知る素敵なマダムたちは、いつどこでお会いしても、全身に意識が行き届いた佇《たたず》まいがあります。彼女たちからは、こうありたいという信条が装いや振る舞いににじみ出ていて、何があってもそのままの自分でよいという余裕を感じます。

外側も内側も、つねにスタンバイOKな状態でいることはとても大事。心身を整えておくことによって、自分の世界を広げる出会いがやってくるのです。

海外に出ると、いちばんそのことを実感します。

たとえば、機内で一緒になった外国の方とほんの少し会話を交わす。みなさまも経験があると思います。このときに、身だしなみを整えてスタンバイOKな自分であれば、言葉の問題はあるにせよ、自信をもって会話を楽しむことができるでしょう。心に余裕があれば、相手への配慮を意識しながら、リラックスして接することができるはず。そうすることで、好印象を与えることができたら何よりです。自分は大勢いる日本人のひとりに過ぎませんが、相手にとってはそれがすべて。こちらの接し方次第で日本人の印象は大きく変わるものです。

「海外に出たら、私たちひとりひとりが日本の大使です」とは、私が生徒さんたちによく言っていることです。ひとが与える印象は、自分が思っている以上に影響力を持っています。そこから国のイメージができあがってしまうことだってあるのですから、自分は日本の大使だというくらいの意識をみなで共有したいと思うのです。

マダムとしての扱いを受けるには——品格と自信

日本人は欧米人と比較して小柄で、顔立ちも凹凸《おうとつ》が少ないせいで年齢よりも下に見られることが多いですよね。

それを「若く見られて嬉しい！」などと喜んでいる場合ではありません。いつまでもマドモアゼル扱いされるということは、大人の女性としてきちんと敬意を払ってもらえないことを意味します。

海外に行かれた方から、レストランやショップで「日本人だからバカにされた」とか「軽くあしらわれた」といった話をよく耳にします。厳しいことを言うようですが、それは、自分たちがそういう扱いにならざるを得ない外見と、振る舞いをしていることに大きな原因があると思います。

私自身、かつてそういう扱いを受けたことがあるからです。

30代前半の頃のこと。モナコの自宅からノーメイク、Tシャツにデニムなどラフな格好でマルシェに買い物に出かけると、アジア人だからか、どこかの家のお手伝いさんと勘違いされることが何度かありました。最初は「見る目のないひとだな」と他人のせいにしていたのですが、いろいろ経験を積むうちに、そう思われてしまう自分を見つめ直すようになりました。

「ここは日本ではないのだから、自分のことを理解してもらいたいと思ったらこの国に合わせた努力をすべき」と考えを改めました。そして、Tシャツにデニムが軽く見られるのであれば、その上にジャケットを羽織るとか、必ずメイクをするとか、少しでも「きちんとした」印象を持ってもらえるように心がけました。30代はまだまだ風格も大人の気品もありませんから、外見だけでも相手に一目置かれるような装いをすべきだと考えたのです。

海外では、ひとは見た目で相手を判断しています。言語も文化も違うのですから、受け取る情報は外見が9割以上だからです。そう気づいてから、大人の女性として評価されるように、自分なりに努力をしてきましたが、なかなか「マドモアゼル」の域から脱することができませんでした。その間は、「自分に足りないものは何だろう」と、あれこれ試行錯誤したように思います。

それがようやく、どこでも「マダム」と言ってもらえるようになったのは、40歳過ぎてから。日本とモナコを行き来しながらビジネスを行うことの苦労や、家庭を持ち、仕事を続けながら子育てを両立することの喜びと困難を味わうなど、さまざまな経験を積んできた結果、マダムとしての品格をまとうことができるようになったのだと思います。

海外でのシチュエーションがわかりやすいので例に出しましたが、第三者から大人の女性として扱われるために必要な条件は、どこにいても同じです。年齢と経験を積んだ大人にふさわしい装いを選ぶこと。ノーメイクが許されるのは20代まで。年齢を感じる部分を上手にカバーするメイクで他人に対する配慮と大人の知性を表現すること。それに加え、自分の足で人生を歩んできたという自信を忘れないこと。外見と内面、双方から自分を高めることで、どこへ行っても評価される女性になれるはずです。

ストッキングはNG

私は20年以上にわたってモナコを中心に、世界各国を訪れ、さまざまな国の文化に触れてきました。そのなかで日本の素晴らしさを改めて再発見するとともに痛感するのは、島国である日本のなかだけにいてはどうしても視野が狭くなってしまうこと。

日本の常識が海外では通用しない、といった例は少なくありません。

どんなに素敵な日本人女性でも、世界で認められる条件やルールを知らないために、海外で評価されないケースをたくさん見てきました。もっと日本の女性に輝いてほしい。世界で活躍できる女性になってほしい。そんな願いから、私のスクールでは「世界で活躍する女性のルール」というレッスンを用意しています。

シーズン1から6まで6カ月にわたって、世界で活躍する女性になるための考え方から行動力、表現力、決断力、体力、結婚観、理想を実現するための方法までレクチャーさせていただくのですが、そのなかに「ファッション」という項目を設けています。日本でしか活躍できない女性と、世界で活躍できる女性のファッションはどう違うのか。日本で流行するファッションは、世界で活躍する女性として通用するのか。ワールドワイドな視点でファッションをとらえ直し、今後の服選びや装いの軸をつくっていただこうというのが狙いです。

最初にお話しするのは、「世界で活躍できないひとの3大ファッション」。つまり、やってはいけないNGファッションをまず知っていただくのですが、生徒さんから「まさにやってました」と声が上がることも。日本の常識だけで見ていると、知らず知らずのうちに世界で孤立してしまうことになりかねませんから、ここでご紹介します。

NGファッションその1は、現地の気候や地域性を無視したファッションをすること。私は「おのぼりさんファッション」と呼んでいます。

たとえばモナコはニース空港から向かうのですが、残念ながらスリが非常に多い。ニースの街自体はとても美しいのですが、決して治安がよいとはいえません。そうした地域性を知らずに、ファスナーが開けっ放しのバッグを身につけ、「わー、素敵〜」などと景色に気を取られているうちにお財布を盗まれてしまう日本人はじつに多いのです。

日本人が狙われやすい理由、みなさまおわかりになりますか？

お金を持っていそうだから。無防備だから。いろいろ考えられますが、私は「世界に通用しないことをしているから」だと、レッスンのなかで説明しています。日本は世界のどの国よりもとりわけ穏やかで安全な国だからです。

ファッションについてもそうです。現地のひとたちからすると、「？」というようなことが少なくありません。たとえば、モナコや南フランスなど、太陽が降り注ぐ暖かい地域に来るのに、夏のシーズンでもわざわざストッキングを穿いている。それは、大人が素足を見せるのは見苦しい、という日本人独特の美意識からくるものかもしれませんが、現地のひとたちからすると、いかにも観光客。スリ常習犯から標的にされてしまっても仕方ありません。

もちろん、せっかく海外でバケーションを楽しむのだから、ふだんよりもおしゃれして街を歩きたい、食事をしたいというときめきは大事です。

日本では身につけないようなものにトライして、非日常を楽しむのは旅の醍醐味。

私自身も、日本では絶対に着ないだろうというような服でも、その国の雰囲気に合っていると感じたら積極的に挑戦するようにしています。

ただ、ここは海外。バケーションを存分に楽しむためには、現地の情報を事前にチェックし、世界標準を意識したいものです。

#「控えめ」はNG

NGファッションその2は、「地味で控えめ」です。

ただでさえ日本人は小柄で目立ちませんから、海外では存在を忘れられてしまいかねません。欧米のひとたちと対等に並んでいたいと思うのであれば、ふだんよりもインパクトの強いコーディネートをおすすめします。

アクセサリーも、ボリュームのある、個性的なデザインのものを取り入れてみませんか。日本人は上質な本物にこだわったプチ・ダイヤモンドなど小ぶりなものが好みですが、それは決して世界標準ではありません。日本だけに通用する狭い世界だということを忘れずに。

小粒より大粒。プチ、プチより、ドン、ドン、ドーーーン、でいきましょう。

重ねづけして、より個性を際立たせるのもいいでしょう。必ずだれかの目にとまり、そこから会話が始まるものです。世界で活躍する女性は、アクセサリーの選び方ひとつとっても違うのです。

日本では控えめでいることが美徳とされがちですが、シチュエーションによってはそれがかえって失礼にあたります。たとえば、食事会やパーティーといった席に招待された場合、主催者は女性として華を添えてほしいという意図からあなたを選んでいるかもしれません。

控えめでいればとりあえず大丈夫。そう思うかもしれませんが、それでは、主催者の期待に応えられないどころか、がっかりさせてしまうでしょう。

海外はおしゃれの練習場というとらえ方もできます。ふだんよりも意識して、「私はこういう人間です」と表現できるファッションを心がけたいものですね。

ファストファッション再考

世界で活躍できないファッション、最後は「ファストファッション」です。なかには、流行の最先端を取り入れたデザインや色柄を展開しているインポートブランドもありますが、安さと機能性オンリーの大量生産服は身につけるべきではありません。

「世界で活躍する女性のルール」のレッスンでは、具体的なブランド名をあげて、「これはみなさまが着るべき服ではありません」とはっきりお伝えします。

なぜ、そこまでファストファッションを否定するかというと、そこに夢やときめきを感じないからです。つまり、美しくないのです。

低価格で、保温性や速乾性、形状記憶など、驚くようなすぐれた機能を備えたそれらの商品は、たしかに素晴らしいテクノロジーの成果といえるでしょう。しかし、目標に向かって人生を切り拓いていきたい方、世界で通用する女性になりたいという方にふさわしい服とは思えません。夢や目標は、機能性や合理性の追求とは真逆の世界にあるからです。

同じ型のものを大量生産し、世界中の「安さ」と「機能」を重視する層に訴求すればいいというコンセプト。そこには、個性もなければ、ブランドとしてのフィロソフィーも感じられません。

もし、あなたがファストファッション的な人生を選ぶのであれば、何の問題もないのですが、自分の個性をファッションで表現したいとか、夢をかなえるために自分を磨いておしゃれを楽しみたいとか、少しでも向上心のある方は、ファストファッションに近づいてはいけません。

生徒さんたちにこれらの商品を持っているか聞いてみると、ほぼ全員が何かしらの服を持っています。下着であったり、ダウンであったり、Tシャツであったり。私は彼女たちにこう伝えます。

「もしあなたたちがインスタントで無個性な、その他大勢の人生を望むのであれば何も言いません。でも、いまより素敵な自分になりたい、成長したいと思うのだったら、全部処分してください」

極端なようですが、そうでもしなければ、ファストファッションの呪縛からなかなか抜け出せません。「もったいない」と捨てられないひとも少なくありませんが、その「もったいない」という甘い気持ちが、自分の人生を狭めてしまうのです。

自分の人生に必要ないものは、処分することでしか新しい風は入ってきません。

ピンときた方は、いますぐ行動あるのみです！

コミュニケーションとしてのファッション

「世界で活躍できないひととの3大ファッション」に続いて、世界で活躍できる女性は、どんなファッションを選んでいるのかを述べることにします。

ワールドワイドに活躍している女性のファッション選びの思考は、次の3つに集約できます。

1、「私はこういう人間です」と、はっきりとした自分の意志があり、自分という存在を表現するファッションを熟知している女性。

2、「私はいま、こういう気持ちです」と、そのときどきで刻々と変化する喜怒哀楽を表現するファッションができる女性。

気持ちを表す服の代表は喪服。悲しみと哀悼の気持ちをこめて、黒一色の正装をします。反対に、嬉しいときは明るい色、元気の出るような色を身につけることで、その喜びや弾んだ気持ちを表現できます。

私の学生時代の友人で、現在南米で暮らす女性がいます。彼女は日本人ですが、6カ国語を操るマルチリンガル。性格も明るくてダイナミックな、型にはまらないスケールの大きな女性です。

彼女が会うたびに、私に言ってくれる言葉があります。

「今日はユリエちゃんと会うから、この服を着てきたのよ」

毎回、毎回、そう言いながら着てきた服を見せてくれます。私は最初、その意味がわかりませんでした。「買ったばかりの服を見せたいのかな」という程度にしか思っていなかったのですが、私の結婚式をモナコでガーデンパーティーというかたちで開いたときに、ハッとさせられました。その日も彼女は、ドレスアップした服で、祝福してくれて、こう言ったのです。

「今日はユリエちゃんの結婚式だから嬉しくて、このドレスを選んだの」

私は繰り返し聞いてきた言葉の意味を、このときはっきりと理解したのです。

彼女は私に会うために服をいつも選んでくれていた。私と会うのが嬉しいと、その気持ちを服で表現してくれていたのです。

彼女の好意にようやく気づけた私は、自分も彼女と会うときは精一杯のおしゃれをして喜びを表現しようと思いました。


世界で活躍できる女性のファッション、最後はこちら。

3、「私が、その象徴になります」

どんな装いをするかによって、自分がその場の象徴になることができます。自分が主役であれば、シンボルとなるようなファッションを。引き立て役であれば、主役をサポートする象徴になるようなファッションを意識する。

世界で活躍する女性たちは、その場のシチュエーション、シーンに応じて、自在にファッションを使い分けています。

ファーストレディの世界がわかりやすいと思います。なかでも、ジャクリーン・ケネディのことを私は思い浮かべます。

アメリカ大統領ジョン・F・ケネディのファーストレディになったジャクリーンさんが好んで着たのがシャネル。シャネルのスーツは、女性らしさと賢さを兼ね備えたブランドのDNAを象徴するアイテムですから、ファーストレディが着ることによって、シャネルの価値をより高め、世界中に広めることにつながったのではないでしょうか。

また、元スーパーモデルのカーラ・ブルーニはフランスのサルコジ元大統領と共に出席したバッキンガム宮殿での晩餐会で、紺のクリスチャンディオールのドレスをお召しになっていました。初めての公式訪問とはいえ、ファーストレディとしての品格と自信のオーラを、装いから感じました。

服を選ぶときは、「自分が着たいから」とか、「何となく」ではなく、着ていった先の相手やシチュエーションを考えながら、象徴になるような服を選べる女性になりたいものです。

服は自分のためだけにあるものではありません。ひとに対する思いやりや愛情、配慮など、気持ちを表現することで、関係性をより深めることができる、最強のコミュニケーションツールなのです。

エレガンスは姿勢に宿る

「エレガンス」

それは、大人の女性にとって最高の褒め言葉なのではないでしょうか。私が主宰するスクールでは、エレガントな大人の女性になるための基礎として、まず「美しい姿勢」を身につけていただいています。

どんなに着飾っても、背中がまるまっていたり、おなかが突き出たりしていてはエレガントに見えません。それどころか、10歳は老けて見えてしまいますから、だらしのない姿勢にはお気をつけて!

美しい姿勢をつくるには、背筋と下半身とデコルテラインを意識してください。

足元は、かかとをつけて立ちます。おなかを胸まで引き上げるようにして引き締めます。お尻もヒップとヒップの間に薄い紙を挟んでいる状態をイメージして緊張させます。

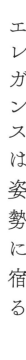

あごは床と平行を保ち、頭のてっぺんを天井から糸でつられているイメージで背筋を伸ばしてください。肩を一度、前から回してすとんと落とし、そのまま力を抜きます。これで胸が開いてデコルテラインがきれいに見えます。

この状態で、横から見て腕がからだのセンターラインよりうしろにあれば美しい姿勢の完成です。

おなかもお尻も緊張させていますから、慣れないうちはこの姿勢をずっと保つのはむずかしいかもしれません。いつの間にか緩んでしまっても大丈夫。気づいたときに、また意識すればいいのです。

ソファは姿勢が崩れてしまうのでおすすめしません。椅子に腰掛けるときは、できるだけ背もたれを使わないようにしましょう。上半身を起こした状態を保つために腹筋をつかうので、正しい姿勢を保つと同時にウエストまわりの引き締め効果も狙えます。

美しい姿勢の女性は、それだけでエレガントな印象を与えます。凛とした佇まいに、自信も感じられて、魅力的な大人の女性を演出できます。

暮れに入院した95歳の義母ジョゼットは、お見舞いに行くと、必ずベッドの上で座って待っています。しかもネグリジェとガウンをまとって。救急車で運ばれるような事態でもあったのですが、そのときも「髪の毛を染めてないから乗りたくない」と言ったほどでした。さらに入院したらすぐに「染め粉を持ってきて」と言って、染め終わるまで白髪を隠す帽子を取ることはありませんでした。

フランス語ではこうしたおしゃれな女性を「コケット(coquette)」「ラヴィソントゥ(ravissante)」と呼びます。美しい姿勢と、自分に対する美意識をいくつになっても大切にする義母のエレガンスを、私は心から尊敬しています。

笑顔は最上級のアクセサリー

姿勢とともに、みなさまに意識していただきたいのが「表情」です。

どんなにメイクが上手でも、服装がおしゃれでも、表情が乏しく、暗い印象を与えてしまったら素敵には見えません。メイクもおしゃれもくすんでしまうでしょう。

自分の感情を、いきいきとした表情で表現できる女性はとてもチャーミングです。なかでも笑顔は特別。いつもパッと明るく笑顔でいてくれるひとがいるだけで、その場が華やぎます。女性にとって素敵な笑顔は、ダイヤモンドの輝き以上に美しい、最上級のアクセサリーだと私は思っています。

それでは笑顔で何が重要かというと、〝口角〟です。いつでも口角を上げて、微笑みを絶やさないよう心がけましょう。

口角の下がった女性は、不機嫌そうに見えるだけでなく、疲れているように見えてしまいます。はたして自分はふだんどんな表情で過ごしているでしょう。時に、外出先で鏡に映る自分の表情を確認してみてください。もしくはふいに撮られた自分の写真をじっくり眺めてみることです。

笑顔は一日で成らず。日々口角の位置を意識して、明るい光を発する女性をめざしましょう。

V

旅先に新しい扉が待っている

旅先で服を調達

「服はいつもどこで買っているんですか？」

「その服、どこのブランド？」

生徒さんや友人にたびたび聞かれることがあるのですが、私の場合、新しいファッションとの出会いは旅先であることが多いです。

旅行に出かけるときは、国内外にかかわらず旅のワードローブはできる限り少なめに。必要最低限に抑え、そのかわり、旅先で、現地の女性がふだんづかいしているようなブティックをのぞいて、気に入ったものがあれば買い求め、旅の最中はそれを好んで着ています。

Tシャツやカットソーといった手軽なものも選びますし、ワンピースやコートなども。心ときめく一点と出会えたら、大きな買い物もします。

スケジュールを確認して半日でも時間があるときは、街へ繰り出します。そして、ウィンドウに飾られた服を見て、自分とテイストが合いそうとか、ふだん買い物をしているブティックにはない色づかいやデザインが気になる、といった直感でお店を選びます。

ブランドにはこだわりませんが、世界各地で展開しているメーカーはどこに行ってもほぼ同じなので対象外です。その場でしか出会えないものにこだわります。

買ったらその場でタグをはずしてもらって、着ていた服は持ち帰り、新しい服を身につけます。そうすると、現地のひとの気分も味わえます。

旅先で服を新調する醍醐味は、この現地感と、旅という非日常の感覚でものを見ることができること。旅をしている間は、限られた時間のなかで行動しなければなりませんから、ふだんとは違う感性がはたらいているはず。そんなときは、直感に頼るのがいちばん。パッと見た瞬間に「いい」と思えるものと出会ったなら、迷わずに購入します。

私のクローゼットには、そうやって直感で迎え入れてきた世界各国の服が数多くぶら下がっています。どのアイテムも、旅の思い出とともに愛用しているものばかり。どう生きてきたか、それが一目でわかるのが私のクローゼットです。

自分とかけ離れた服にあえてチャレンジ

最近、ヴェニスに出かけたときのこと。ブランド街エリアから少し離れたところに、一点ものの洋服を扱うブティックや、その土地のものをデザインしている個人店など、個性的なショップが並んでいるエリアがあります。その通りで、舞踏会のための衣装や仮面などを扱う専門店が目に留まりました。全面に刺繡《ししゅう》が施されているような、まさに仮面舞踏会の世界。ワクワクしてなかに入ってみると、一着のジャケットに釘付《くぎづ》けに。ベルベットの美しい生地に、立て襟、内側はレースづかいがなんとも素敵です。

試しに袖を通すと、ジャストサイズでカッコいい。瞬間的に、ほしい！　と思いました。まさに出会いもの。恐る恐る値段を聞いてみると……35万円。いくら直感で選ぶ私でも、躊躇《ちゅうちょ》する価格でした。結局、買わずにお店を出ました。それでも袖を通した感覚は残っています。この感覚を頼りに再びヴェニスで巡り会える機会を待とうと思います。

おしゃれのフィニッシュは髪型

旅先で必ずすることが、買い物以外にもうひとつあります。

現地の美容院に行って、シャンプー・ブローをしてもらうことです。これは私にとって、エステでフェイシャルやボディマッサージをするよりも贅沢なこと。

自分でできるのにお金を払うなんてもったいないと思われるかもしれませんが、美容院のスタイリストは美髪のプロ。仕上がりがまったく違います。サロン専用の上質なシャンプー・トリートメント剤を使って、頭皮マッサージもしながら（頭と顔はつながっているので頭皮がやわらかくなると、めぐりがよくなりメイクのノリが違います）洗髪してくれるので、見違えるほど髪が蘇《よみがえ》ります。ツヤもハリも自分でシャンプーするのとはまったく違います。

何より感動的なのは、ブローの仕上がり。私は天然パーマで髪が広がりやすく、まとまりにくいのが悩みのひとつですが、プロの手にかかると、ふんわりとナチュラルにまとまっていながら、エレガンスもある。まるでどこかの女優さんのようにヘアスタイルが決まると、それだけで気分が高まるというものです。

反対に、どんなに着ている服にこだわっても、ヘアスタイルやメイクに自信が持てなければ、素敵に見えません。髪型は、大事なフィニッシュなのです。

仕事の関係で、ひと月に一度は海外で過ごすことが多く、そのたびに地元のヘアサロンを訪れていますから、ほぼ毎月、シャンプー・ブローをプロにお願いしていることになります。

世界中のヘアサロンを回ってみて、いまいちばんのお気に入りはニューヨークとミラノのサロンです。このふたつに共通するのは、コテやアイロンなど機械を一切使わずに、ロールブラシ一本で私の望み通りのヘアスタイルをつくってくれること。加えて、女性として最上級の扱いをしてくれることにいつもときめきます。

「ビューティフル」「ゴージャス」「エレガント」「セクシー」……。素敵な男性スタイリストから、リップサービスとはいえ、こうした単語が次々に出てくると、やはり嬉しいもの。そうした耳からのセラピーで気分が高まると、女性は美しく輝きます。

私が海外のヘアサロンに好んで出かけるのは、髪のためはもちろんのこと、自分の気分を上げるためでもあるのです。

日本ではそうしたサロンと出会えていませんが、女性の心を熟知したセンスのいいスタイリストさんはいるはずです。女性にとって自分の魅力を引き出してくれるヘアサロンを見つけることは、服選びと同じくらい大事なこと。そして、信頼を寄せられるスタイリストに出会えることは、似合う服を選ぶよりむずかしいことかもしれません。

気になっているサロンがあれば、お試しにシャンプー・ブローだけでもお願いしてみてはいかがでしょうか。技術力はもちろん、スタイリストとの相性、雰囲気やセンスなど十分感じられるはずです。いまの美容院にどこかしっくりきていない方は、ぜひシャンプー・ブローコースを活用してみてください。

おわりに

歳を重ねるほどワードローブは多彩がいい

私のまわりには人生を謳歌している60代、70代のマダムたちがたくさんいますが、彼女たちのワードローブを拝見すると、とてもバラエティに富んでいます。あるときはゴージャスなドレス、あるときはシックな装い、あるときはスポーティーに、あるときはユーモラスで遊び心たっぷりに……と変幻自在。自分の個性と、その魅せ方を熟知していて、ファッションを通じて人生を思いっきり楽しんでいるのです。

お会いするたびに、まったく違うファッションを見せてくれる彼女たちから、私は「おしゃれとは人生を楽しむことよ」と教えてもらっています。

年齢を重ねれば、それだけ経験も増えていきます。そして、経験の数だけワードローブもバラエティ豊かになっていいはずです。フランスのマダムたちがそうであるように。

ところが、日本人の場合、年齢が上になるほど、クローゼットの中身が単調になっていくような気がします。派手な色や柄ものは避け、おとなしめの無難なものをつい選んでいる方が多いのではないでしょうか。

もったいないと思います。せっかく歳を重ね、若い頃に比べたらいろいろな意味で余裕が持てるようになり、ひととのおつきあいの幅も広がっているのに、ひとつのファッションスタイルに収まってしまうだなんて。

もうすぐ50歳になる私のクローゼットには、これまで生きてきた人生が詰まっています。夫のジョンと結婚する前に誘われ、彼と一緒にバイクに乗るために購入した革のライダーズジャケット。はじめて舞踏会に出席したときに着たドレス。自分のイメージカラーを赤に決めたときに袖を通した真紅のジャケット。健康と美容のために30代後半で始めたランニング。最初は3キロ走るのも苦しかった私が、フルマラソンに出場できるまでになれた証の、歴代のシューズたち……。

以前、自分のクローゼットを眺めていたジョンが、「This is my life!」と言ったことが印象に残っています。アウトドアファッションからタキシードまで、バリエーションに富んだワードローブが、自分がいかに人生を愉しみ尽くしているかを物語っているというのです。

私のクローゼットも、まさに「This is my life!」。私の人生、そのものです。

でも、ここで終わりではありません。125歳まで生きることを本気で目標にしている、と本書で述べましたが、それを達成するには、残りの人生は70年以上あります。まだ折り返してもいないわけです。

これからさらに私のワードローブはバラエティ豊かになっていくでしょう。心からときめくアイテムと出会ったなら、年齢や周囲の評価など気にせずに、嬉々としてマイ・クローゼットに迎え入れたいと思います。そして、80歳、90歳、100歳になっても、私のワードローブは新しく更新し続けるに違いありません。

いくつになってもクローゼットを眺め、「これがいまの私」と言える人生を送っていたいと思っています。

ブックデザイン　小口翔平＋永井里実（tobufune）
装画　くぼあやこ
構成　山田真由美
協力　さかよりのりこ
（L.STUDIO INTERNATIONAL）

畑中由利江　Hatanaka Yurie

モナコ公国に活動拠点をおく国際マナー研究家。2003年、日本人女性にプロトコールマナーを伝えるスクール「エコール ド プロトコール モナコ」を設立。日本と欧州での文化活動や社会貢献活動の功績に対して、王家騎士団“聖マウリツィオ・ラザロ騎士団”から、2016年Dame（デイム）の称号と勲章を叙任する。モナコ公国アルベール大公が名誉顧問総裁を務める国連提携慈善団体Amitié Sans Frontières Internationale（国境なき友好団）の日本支部代表理事。著書に『French in Style フランスマダムから学んだ最上級の女になる秘訣』などがある。

ドレスを1枚ぶら下げて
フランスマダムのクローゼットの教え

2019年2月27日　第1刷発行

著　者　　畑中由利江
発行者　　見城 徹
発行所　　株式会社 幻冬舎
〒151-0051
東京都渋谷区千駄ヶ谷4-9-7
電　話　　03(5411)6211(編集)
03(5411)6222(営業)
振替00120-8-767643
印刷·製本所　株式会社 光邦

検印廃止

ISBN978-4-344-03436-5　C0095

幻冬舎ホームページアドレス
http://www.gentosha.co.jp/
この本に関するご意見·ご感想をメールでお寄せいただく場合は、
comment@gentosha.co.jpまで。